807

こころはどう捉えられてきたか

江戸思想史散策

田尻祐一郎
TAJIRI YŪICHIRŌ

HEIBONSHA

こころはどう捉えられてきたか●目次

はじめに

「こころ」という視角から江戸時代の思想史を捉え返せば、そこにどういう光景が見えてくるのだろうか――こういう問題に挑戦しようというのである。初めから、それは無謀だという声も聞こえてきそうだが、あまり気にしないでいこう。「こころ」とは何かと問われて筆者なりの定見があるなら、それを基準に据えて、「こころ」をめぐる江戸時代の言説をバッサバッサと斬っていくことも出来るのだろうが、あいにく、私にはそういう定見めいたものはない。私は身の丈に適《かな》った方法で、つまり江戸時代の人々の声を拾いながら、彼らの思いを（出来るだけ）掬《すく》い上げていくことを通じて、問題に接近してみたい。

「こころ」はどう捉えられてきたかという場合、「こころ」とは何かという大命題に対して、どういう思想的な解答が与えられてきたのかを追いかけるということも必要だろう。そうなると、まずは「心とはカクカクである」というような思想家の議論を集めることになる。その一方で、江戸時代の人々が、例えば、人間の知・情・意とどのよう向き合っていたのか、人間の利欲や自己中心性といった具体的な問題を、文芸や宗教や、あるいは生活そのものの中でどのように考えていたのかを炙《あぶ》り出すというような検討も欠かすわけにはいかない。この両方向からの解析をやってのけるのは、簡単なことではない。

しかし、始まる前からアレも必要、コレも不可欠という具合に肩に力を入れるのも考えものである。この小さな書物に「江戸思想史散策」という副題を与えたのも、あまり構えないで、気ままに江戸時代の思想史を覗《のぞ》いてみようという思いからである。何しろ「こころ」という複雑怪奇、得体の知れないモノが対象なのだから、すべてを満たすことなど考えずに足を踏み出した方が賢明だろう。どういう材料を選ぶのか、それぞれの材料にどのくらいの比重をかけるのか、どういう角度、どのくらいの距離感で論じていくのか、すべて私の好みによるものであって、バランスのよい公平な(?)ものでは毛頭ないし、通時的に配列された行儀のよい叙述でもない。それでも、「こころ」という複雑で難しい問題に対して、つまり人間の理性や感情、意志や情緒、倫理や背徳といったような問題に対して、江戸時代の思想史が、思いの外《ほか》に多彩で活気に溢《あふ》れ、何より、今の私たちに響き合うような思索の遺産を残してくれていることに気づいていただきたい、この気持ちだけはたっぷりと込めたつもりである。

江戸時代の思想といえば、封建的な道徳や無味乾燥の教学で埋め尽くされているだろうと思っていた方が、なかなか面白いではないか、今の自分たちと結局は同じ問題にぶつかっていたのだな、そんな風に読んでくだされば、この書物が世に出た意味があると私は思っている。

＊引用文中のルビは、特にことわらない限り、現代仮名遣いによった。ただし『論語』や『古事記』といった古典については、ルビも旧仮名遣いを用いた。引用文中のカッコ内は、引用者が補ったものである。

一、「こころ」の本源を探る

私たちの日々の生活において、迷い、動揺し、ある時には奮い立ち、しかし結局は自分自身を裏切ってしまうことの多い「こころ」、この厄介なモノの本質、あるべき姿、これを見極《みきわ》めたいという思いは、おそらく人間の思想の歴史とともに古くからのものだろう。

鏡

清らかな心、澄みきった心を理想とするという発想は、私たちにとっても馴染《なじ》み深い。比喩としての鏡のイメージを手掛かりに、こういう発想の思想史を探ってみよう。

『荘子』

「心」という漢字は、心臓の形を表している。古代の漢民族は、人間の知的・情的、あるいは意志的な活動を、胸の奥で規則正しい鼓動をしているこの「心」が主宰しているものと考えた。現代人なら、それらの活動は脳の働きによるものであり、心臓の役割は、全身に血液を送り出すポンプに当たるものだと考えるのかもしれないが、それでも、今日なお「心」が、人間の内面を表現する言葉であることに変わりはない。心が痛む、心が躍る、あるいは心に決する、心に秘めるとは言うが、脳が痛む、脳が躍るなどとは言わない。

「心」は心臓の象形文字であったが、そこから知的・情的・意志的な活動をする人間そのもの、いわば主体としての人間、さらに人間としての本質というような意味を、この言葉は担うことになった。具体的な臓器としての心臓から、人間的な「こころ」になったのである。

その古代の漢民族の奔放な想像力が生んだ、戦国時代の中期の書物に『荘子《そうじ》』がある。ほぼ紀元前四世紀から三世紀の二百年間、いわゆる戦国時代の中国では、儒家・墨家・道家・農家・法家・名家など、個性的な思想集団によって多彩な論争がくりひろげられた。戦国時代が終わって秦、次いで漢の王朝が中国を統一すると、強大な政治権力によって思想は統制されてしまうことになる。それに先立つ戦国時代は、諸侯が互いに覇権を競い合っていたわけだが、一面からすれば、それはいわば言論戦の時代でもあったのである。儒家は道徳的な文化主義を唱え、墨家は博愛・非戦と素朴主義を掲げ、道家は文化主義に対抗して無為自然を主張し、農家は万人が耕作する平等な世を理想とし、法家は道徳不信と法律絶対主義を押し出し、名家は論理学的な正確さを求めるというように、驚くほど多様な思想が展開した。その多様さから彼らは諸子百家と呼ばれるが、そのどれをとっても、そのままの形では無理であっても、その主張の根底的な部分には、今なお私たちが耳を傾けなければならないような新鮮なメッセージが脈打っている。その後の中国、あるいは朝鮮や日本、ベトナムといった周囲の国々でも、こういう多様な思想の正面からのぶつかり合いは見られない。漢代に入ると中国に仏教が伝来して、思想の配置は一層複雑になるようにも思われるが、漢の武帝による儒教の国教化以来、国家によって権威化された儒教を頂点としたある種の「棲み分け」が進んで、諸子百家的な状況が再現することはなかったように思われる。

さて『荘子』は、

北冥《ほくめい》ニ魚アリ、其《そ》ノ名ヲ鯤《こん》ト為《い》フ。鯤ノ大ナルコト、其ノ幾千里ナルヲ知ラズ。化シテ鳥ト為《な》ルトキ、其ノ名ヲ鵬《ほう》ト為フ。鵬ノ背《そびら》、其ノ幾千里ナルヲ知ラズ。怒《ふるひ》チテ飛ベバ、其ノ翼ハ天垂《そらみ》ツ雲ノ若《ごと》シ。

という一節から始まる（逍遥遊篇）。北の果ての暗い海に住む、どれほど大きいのかも分からない巨大な魚が変身して鳥になると、それは「鵬」と呼ばれる。その鵬の大きさも見当がつかないが、それが勢いこんで羽ばたくと、その翼はまるで大空を掩《おお》う雲のようだと『荘子』は語り出す。私たちにとってこの冒頭は、昭和の大横綱、大鵬《たいほう》の四股名《しこな》の由来としても懐かしい。土俵上の大鵬の大らかで柔らかな所作は、想像を絶したこの大鳥が、いざ飛び立つ前に羽をゆったりと動かしていた姿だったのかもしれない。それにしても、音も光もない暗い海の中の静、青空に流れる雲のような翼の動、何ともスケールの大きな話であるが、実は「鯤」とは魚の卵のことだという。そこには、巨大なものが微小なものであり、微小なものが巨大なものでもあるというような寓意が込められているのだろうか。人が疑いなしに使っている物差しが通用しない、そういう巨大と微小があるのだということを暗示しているのだろうか。

「至人」

その『荘子』が、こう述べている。

至人《しじん》ノ心ヲ用《もち》フルハ、鏡ノ若《ごと》シ。将《おく》ラズ迎ヘズ、応《こた》ヘテ蔵《こだ》ハラズ。故ニ能《よ》ク物ニ勝《た》ヘテ傷ツケラレズ。（応帝王篇）

「至人」とは、何ものにも束縛されない、絶対の自由を得た人というような意味である。その自由人が「心」を用いることは、鏡のようだというのである。鏡は、去るものを追いかけることも、来るものを迎えることもせず、あるがままに応接して一切のこだわりを何も残さない。人の「心」が鏡のようであれば、あらゆるものに自由自在に向き合って、しかも自身が傷つくこともない、これが『荘子』の描くところの人としての究極の理想である。敢えて「傷ツケラレズ」というのは、相手に対して愛憎好悪といった感情をこちらが持ってしまうから、そこから幻想や不信、期待や幻滅が生まれ、溺れたり迷ったり、裏切った、裏切られたという思いに苛《さいな》まれ、後悔という「傷」だけが残る、それが人と人との関わり合いの現実だからであろうか。傷つかないことがそれほど大事か——とこう反論したくもなるが、『荘子』は自由人なら傷つかない、傷つかないのが自由人だと考えているようだ。

「将ラズ迎ヘズ、応ヘテ蔵ハラズ」とは、一種の消極主義でもある。相手との関わりは拒まない。しかし、こちらから働きかけたり、何かを期待したりはしない。期待すれば、そこにこだわりが生まれ、こだわりに拘束されて不自由になるからである。

道元

道元（一二〇〇・正治二年～一二五三・建長五年）は、内大臣の源《みなもとの》（久我《こが》）通親《みちちか》を父とし（異説もある）、藤原基房の女《むすめ》を母として京都の公家社会に生まれたが、早くに両親と死別している。出家して二四歳で宋に渡り、かの地で二八歳まで禅の修行に打ち込んで「身心《しんじん》脱落《だつらく》」（身も心も執着から自由になる）の悟りに達し、帰国の後、越前国の永平寺において曹洞宗を開いた。「只管打坐《しかんたざ》」（ひたすら坐禅する）を掲げた厳しい禅風を貫いたことで知られている。

道元の持った妥協のないひたむきさ、自分に対する厳しさには、仏縁に薄い私のような者でさえ粛然とせざるをえない。『正法眼蔵随聞記《しょうぼうげんぞうずいもんき》』は、おりおりの道元の言葉を、弟子の懐奘《えじょう》（後に永平寺住持職を道元から継いだ）が筆録したものであるが、道元はそこで、禅を修める者を「学道の人」と呼んで、「学道の人、世間の人に智者もの知りとしられては無用なり」「学道の人は先《まず》須《すべから》く貧なるべし、財おほければ必ず其《そ》の志を失ふ」などと語っている。悟りを目指して本気で修行する者にとって、名声や財産などは邪魔なだけだということである。そして、

曠劫《こうごう》多生《たしょう》の間《あい》だ、いくたびか徒《いたず》らに生じ徒らに死せしに、まれに人身《にんじん》を受けてたまたま仏法にあへる時此《こ》の身を度《ど》せずんば、何《いず》れの生《しょう》にか此《この》身を度せん。（中略）ついに捨てゝ行く命《いの》ちを一日片時《へんし》なりとも仏法のために捨てたらんは、永劫の楽因なるべし。（中略）只思ひきりて、明日の活計なくば飢へ死にもせよ、寒《こ》ごへ死にもせよ、今日一日道を聞て仏意《ぶっち》に随《したが》て死せんと思ふ心を、まづ発《おこ》すべきなり。

と述べている。迷いの世界を、気の遠くなるような長い間にわたって輪廻転生《りんねてんしょう》しながら、こうしてたまたま人としての生を得たのだから、正しい仏法を学んで、ここでこの身を彼《ひ》岸《がん》（悟りの世界）に渡すことが一大事である。人としての生が終わって、また輪廻転生していけば、一体いつ悟りの世界に渡れるというのか。うかうかしていればあっという間に終わってしまう人としてのこの命を、正しい仏法を得るために捨てることこそ、永遠の安らぎへの道である。一切の執着を断ち切って、明日の米がないなら餓死・凍死してもよい

から、今ここで仏法のために命を捨てるという決意を持つことが大事だ、およそこういう意味であろう。『正法眼蔵随聞記』を読むと、一人息子の自分を母が頼っている。自分は出家して仏道の修行をしたいのだが、自分が出家してしまった後の母を思うと思い切れないと悩む若者に向かって、道元が、すがりつく母を蹴倒《けたお》してでも修行に入るようにと教える言葉を見ることができる。世俗的な倫理からすれば、何という親不孝なということになるのだろうが、仏法のために命を捧げる、すべてを捨てるとは実にこういうことでもあった。

「古鏡」

その道元の主著である『正法眼蔵』を見れば、次のような一節に出会う。

諸仏諸祖の受持し単伝するは古鏡なり。同見同面なり、同像同鋳《どうしゅ》なり、同参同証す。胡来胡現、十万八千、漢来漢現、一念万年なり。古来古現し、今来今現し、仏来仏現し、祖来祖現するなり。（第一九、古鏡）

難解な文章であるが、大意は、諸仏諸祖の伝えてきた仏法（悟り）は、いわば時間や空間に囚《とら》われることのない鏡のようなものであって、その鏡を持てば、諸仏諸祖と同じものを見、同じものを証することになるということであろう。そして道元は、中国の禅の高僧のエピソードなどを列挙しながら、その鏡がどのようなものであったのかを説き明かして、こう締めくくるのである。

いまの人も、いまの塼《せん》を拈《ねん》じ磨《ま》してこゝろみるべし、さだめて鏡とならん。塼もし鏡とならずは、人ほとけになるべからず。塼を泥団《でいとん》なりとかろしめば、人も泥団なりとかろからん。人もし心あらば、塼も心あるべきなり。たれかしらん、塼来塼現の鏡子《きんす》あることを。又たれかしらん、鏡来鏡現の鏡子あることを。

塼は瓦。悟りに達した諸仏諸祖が鏡なら、我々凡夫のありようは瓦のようなものであるが、その瓦を磨いて鏡にする以外に道はないと道元は言う。瓦は泥団（泥の塊《かたまり》）に過ぎない、鏡ではありえないとしてそれを軽んじるなら、それは、凡夫には悟りの可能性はないと見限るに等しい。しかしそれにしても、瓦を磨いて鏡にするということは、どういうことなのだろうか。瓦についている汚れや曇りを落として、一所懸命に磨け、ピカピカにせよということだろうか。

しかあれば、塼のなれる古鏡あり、この鏡を磨しきたるとき、従来も未染汚《みぜんわ》なるなり。塼のちりあるにはあらず、たゞ塼なるを磨塼するなり。このところに、作鏡の功徳《くどく》の現成する、すなはち仏祖の功夫《くふう》なり。

と語られることからすれば、単純にそういうことではないようだ。ひたすら瓦を磨くことで瓦が鏡になる、鏡になってみれば、瓦がかつて汚れていたということではないと道元は言う。難しいが、こういうことだろうか。私たちは今ある自分を離れて、今の自分を超えて、あるべき自分、こうありたいと思う自分を見ようとする。別な自分がありえると思いたい。変身したい。いわば「塼」とは別のものとしての「鏡」に憧れる。しかしそんな「鏡」はないのだ。そうではない、自分は自分になりきることでしか、自分というものの正体を見極めることでしか、今の自分を超えることはできない。それが「塼」を磨き続けることで「鏡」とするということであり、「鏡」としての自分は、「塼」としての自分の中から磨き出すべきものである――ということではないだろうか。

盤珪

禅の語録は、日常の口語で語られた禅僧の生き生きとした言葉をそのまま記録したもので、唐代の『臨済録』や宋代の『碧巌録』などが名高い。常識や通念、あるいは世俗的な倫理の立場を一気に突き抜けた物事の捉え方に魅せられる愛読者は、今も多いことだろう。道元などは中国留学が長かったから自在に中国語で読んだのだろうが、多くの日本人は、訓読という形式でこれらの語録を読んで、禅の精神を学んでいた。ところが江戸時代に入ると、日本の禅僧の中から、自分たち自身の日常語でもって禅の真理を多くの人々に伝えようとする動きが強まって、多くの和文体（漢字仮名交じり文）の法語が著された。こういう動きの根底には、本当に物が分かるというのは、自分たちの普段の言葉でもってそれを表現できるということだ、平易に表現できないうちは、まだ本当には分かっていないのだという思いがあるに違いないし、またそういう平易で親しみやすい形での仏法の普及を、参禅の機会などをなかなか持てない人々が待ち望んでいたという背景もあるだろう。

盤珪《ばんけい》（一六二二・元和八年〜一六九三・元禄六年、盤珪永琢《ようたく》）は、播磨の生まれで、各地を遍歴して、不生《ふしょう》禅と呼ばれる独自の禅の教えを平易な口語で広めたことで知られている。その説法ぶりは、例えば、

男にかはつて、女儀方は正直にござる。心も男よりは愚なる所もござれども、悪をつくれば地ごくへ落ると申聞ますれば、少しも疑ひの心ござらず、地ごくに堕するをしり、善をなせば仏になると示しますれば、則仏になるぞと、一筋に思はるゝにより、ひとしほ信心にござる。（中略）智恵かしこき男子より正直なる女儀方仏に成ますぞや。此度《こたび》何ぞ仏にならふと、願はつしやるがよふござる。（『盤珪禅師語録』）

といった口調からもうかがえる。女性は物事への執着が強く、愚かで嫉妬深く、加えて修行者にとって誘惑をなすから罪深いというような見方が強かった時に、盤珪は庶民の男女を前にして、正直な一途さが女性にはあるから、小賢《こざか》しい知恵のある男性よりも仏になれ

ると説いて、「仏にならふ」、つまり邪念・煩悩を払って善行を積んで仏になろう（成仏しよう）と願うことが大事だと女性を励ましているわけである。そういう発話が、それを聞いた男性にどのような刺激を与えるのかも、きちんと計算されているのだろう。成仏は、俗に死ぬことを言うが、ここでは悟りを開くことである。

盤珪は、「日本人は漢語につたなふござつて、漢語の問答では、思ふやうに道が問つくされぬ」から、「遠慮せず、自由な平話」、つまり日常語で仏の教えを語り合うのがよいと述べている。それだけ、仏法をどのような言葉・表現でもって人々に伝えるのがよいのかという問題を気づかい、考え抜かれた方法で人々に接していたわけである。「漢語」を並べ立てるような方法では、人々に十分に本当のところが伝わらない。そもそも自分も、「漢語」を使えば分かったかのように思ってしまうが、それでは、とことんまで考えをつめることが出来ないのではないかという疑念があったのだろう。唐代や宋代の禅僧が「平話」で語ったように、江戸時代に生きる自分たちはその「平話」で考え、語るべきなのである。余計なことだが、カタカナ語が氾濫する中にいる私たちは、「思ふやうに」物事を「問つく」しているのだろうか。

「不生の仏心」

さて盤珪は、

親のうみ附《つけ》てたもつたは、不生《ふしょう》の仏心ひとつで、余のものはうみつけはしませぬ。

また

悪人とても、不生の心が失へまするでもござらぬ。悪人を転ずれば、則仏心でござる。

というように、「不生の仏心」(「不生の心」)ということを繰り返して説いた。それは「不生不滅」と表現してもよいのであろうが(そう表現している場合もある)、「不生」ということにすでに「不滅」の意味は含まれていると考えて「不生の仏心」と言うのであろう。なぜ「不生」と形容されるのだろうか。それは、人間に備わった「仏心」は、個々の人間の生死を超えた永遠なるもの、究極の実体だと盤珪が考えるからである。個々人の寿命はごく限られたものであっても、一人ひとりが持っている「仏心」はそういう限定を超えた大きなものである。そういう大切なものが、親から子へ、子から孫へという生命のタテの繋がりの中に伝えられているとも盤珪は言っている。ここでは、有限の人間が、永遠の相において捉えられている。

しかし一人ひとりは、色々な個性を持っている。気の短い者がいれば、ゆっくりしている者もいるだろうし、欲望や我執の強い者、淡泊な者などなど、それが生身の人間である。しかしこういう個々人の違いは、盤珪に言わせれば大した問題ではない。欲望ということで言えば、欲望の最たるものは、食欲や性欲であろうか、生存欲か、あるいは名誉欲か。盤珪は、そういう欲望を、「我身のひいき」「我おもはく」と呼んでいる。

皆人々親のうみ附てたもつたは、不生の仏心ひとつばかりじやに、我身のひいきゆへに、皆我おもはくをたてたがつて（中略）大事の一仏心をつい修羅にしかへ、せんなき事をくや〳〵とおもひて（中略）畢竟《ひつきよう》やくにもたゝぬ事を、愚痴におもひ明らめず、愚痴は畜生の因なれば、大事の一仏心を其《その》まゝつい内証《ないしよう》には、上々の畜生にしかへるなり。

生身の我々は、「我身のひいき」から「我おもはく」を立てて、せっかくの「不生の仏心」を修羅の世界（嫉妬心・エゴなどで争い合う現実世界）に捨てるような行動を平気でしてしまう。しかし、親が子に生み渡し、また子がその子に生み渡す、こういう風にして永遠に人々に伝えられてきた人間の本質、親から生み渡された本来の自己は、個我としての自分かわいさ（「我身のひいき」、いわば自己中心性）の中にあるものではないと盤珪は言う。別のところでは、「妬《ねた》み」「怒り」「ほしい惜《おし》ひ等の欲念」などの心の動きも「生れ附《つき》には一点もなく、本来は不生の仏心のみ也」と言っている。そしてこの「不生の仏心」は、まさに鏡のイメージで語られるのである。

たとへば不生と申ものは、明かなる鏡のやうなものでござる。鏡といふ物は、我に何にても移りたらば、見ようとは存ぜねども、何にても鏡に向へば、其貌《そのかたち》が移りませいでは叶はぬ。（中略）何にてもあれかし、見ませう聞ませうと存じたる上にて、見聞いたすは仏心ではござらん。前かどより、見聞いたさふとも存ぜず、物が見えたり聞えたりするが、面々に仏心そなはりたる徳でござるによつての事でござる。是則《これすなわち》不生の心でござる。

鏡には、見てやろう聞いてやろうという事前の思惑はない。それでいて、何が来てもそのままの姿を映す（移す）という霊妙な働きがある。それと同じように、人間に本来的に備わっている霊的な能力としての「不生の仏心」が曇りなく発揮されれば、つまり「我身のひいき」なしに「不生の仏心」のままに人間が日々の暮らしを生きるならば、物事のありのままの姿を直観的に捉えられるはずなのである。人は見たいようにしか物事を見ないものだ、これが実際のところだろう。しかし盤珪は、そこを超えていく力が誰にも備わっているのだと強調することで、それを超えるように導く。

こうして盤珪の鏡は、『荘子』の「至人」が超人的な存在であったのとは違って、誰もが生まれながらに身に備えたものであり、これもまた『荘子』の消極主義とは異なって、今ある自分自身の在りようを内省させて、あるべき本来の自分に帰ることを促すような、ある積極的な性格を持っている。

鉄眼

もう一人、江戸の禅者による和文体の法語を聴いてみよう。鉄眼《てつげん》（一六三〇・寛永七年〜一六八二・天和二年、鉄眼道光《どうこう》）は、盤珪と同時代の黄檗宗《おうばくしゅう》の僧である。肥後の人で、隠元《いんげん》（隠元隆琦《りゅうき》）に学んだ。黄檗宗は、大変にユニークな宗派である。本山は京都の南、宇治の万福寺であるが、明《みん》から渡来した隠元を開祖として、戒律を重視して、伽藍はもちろん、行儀・儀式など生活全般、すべて明の様式を守ったのである。「山門を出れば日本ぞ茶摘歌」という句があるが、山門の中は小さな中国であった。今でも、宇治で普茶料理（中国式の精進料理）を楽しむ人は多い。万福寺の住持《じゅうじ》は、隠元からずっと中国からの渡来僧によって継がれていくし、江戸時代の中国語会話（唐話）の学習でも、唐通詞《つうじ》のいた長崎と並んで中心的な役割を果たした。柳沢吉保《やなぎさわよしやす》と言えば、時代劇などでは権力欲の権化《ごんげ》のような役どころであるが、実は多才でハイカラな文化人であった。今日に残る六義園《りくぎえん》は江戸の大名庭園の一つとして有名であるが、吉保が自ら作庭したものである。その吉保は、周囲に抱えた学者たち（荻生徂徠《おぎゅうそらい》もその一人）と一緒に黄檗の禅僧の人脈で中国語会話を勉強していたという。江戸の中国語会話熱は、意外に高いのである。その他、絵画では黄檗派、書道でも黄檗様というように文化的な影響力も強く、とりわけ『黄檗版大蔵経《だいぞうきょう》』が刊行されたことは、文化史上の大事業であった。大蔵経とは、仏教の経・律・論（この三つの総称が三蔵）を収めた一大叢書で、『黄檗版大蔵経』の前には『寛永版大蔵経』が刊行されていた。ちなみに昭和に完成した『大正新修大蔵経』は、全百巻、三〇五三部を収めているという。その『黄檗版大蔵経』の開版の中心となって活躍したのが鉄眼である。

「本心」

その鉄眼が女性のために著したのが、『鉄眼禅師仮字《かな》法語』である。そこでも、鏡の比喩が巧みに用いられている。やや長くなるが（そして盤珪よりも難しいが）引いてみよう。「我身我心も、亦一切の万法も、常住法身の体にして、本より生滅はなきもの」と説いて、鉄眼はこう続けるのである。

我本心のうつりかはらざる事は、たとへば鏡の本体ににたり。明らかなる鏡の中に、終日《ひねもす》かげのうつるを見れば、天をうつし、地をうつし、花をうつし、柳をうつし、人間をうつし、鳥獣《とりけだもの》をうつし、さま〴〵の色かはり、しなことなりて、刹那《せつな》もとゞまらざるににたれども、その鏡の本体は、鳥獣にもあらず、人間にもあらず、柳にもあらず、花にもあらず、地にもあらず、天にもあらず、たゞ明々として、くもりなき鏡の全体なり。我本心の万法をうつしてらして、その万法の差別《しゃべつ》にもあづからず、生滅にもかつてうつらざる事を、鏡のたとへにてしりぬべし。まよへる人は、心中にうつる影のみを見て、本心の鏡を見る事あたはず。

鉄眼によれば、人間には、個々人の生死を超越した「本心」ともいうべきものが備わっている。盤珪が「不生の仏心」と呼んだところのものであろう。それは明らかな鏡のようなもので、天地万象を映すが、その鏡自体は、「たゞ明々として、くもりなき鏡」としか言いようのないものである。鏡に映る影は、一瞬として同じものではなく、鏡自体ではない。そして、話はこう進む。

さてまた鏡にうつる、もろ〳〵のかげは、全体虚妄にして、なきものなれば、その影をはらひすてゝ、はじめて鏡を見んとおもふは、又きはめて愚人のありさまなり。花や柳のかげは、うつらばうつしながら、去来《こらい》もなく、色香《しきこう》もなき、明鏡の全体をよく見るべし。（中略）我本心すでにそのごとくなれば、万法もまたそのごとし。万法を天地森羅万象と見るはこれうつれる影なり、万法の全体はこれ明鏡なり、影にまよふを凡夫といひ、鏡を見る人を聖人《しょうにん》といふ。

鏡に映る影は、鏡自体ではない。では、影を取り除いてしまえば、そこに鏡自体が現れるのかといえば、そうではない。花や柳の影を映しながらある鏡と、鏡自体は別にあるのではない。何一つ影を映していない鏡自体など、そもそもありえない。影が「虚妄」だからといって、影を持たない鏡を求めることには意味がない。そもそもここで言われる「虚妄」も、無意味とか存在しないというようなことではないだろう。天地森羅万象は、刻一刻として変化してやまないもので、究極の実体ではありえないが、究極の実体が天地森羅万象と別なところにそれとしてあるわけでもない。鉄眼は、別なところで「天地日月位をわかち、森羅万象しなことなりて、花はつねに紅《くれない》、柳はいつもみどり、火はあつく、水はひやゝかに、風はうごき、土はしづかに、（中略）ひとつとして乱《みだる》事なし」と述べている。これは花、これは柳として差別《しゃべつ》された個物が集まって天地森羅万象がある。その天地森羅万象が差別の相をもって天地森羅万象としてあることには、それとしての意味があるのである。ただし、その差別を絶対視してその差別に囚われることを、鉄眼は「影にまよふ」とする。

万法もまたそのごとし、真如《しんにょ》のかたよりこれを見れば、（中略）毛頭も差別なし。万法のかたよりこれを見れば、さま〴〵のかたちわかれたり。衆生はそのかたちにまよふ、諸仏はその真如をさとる。真如（中略）をさとれば、さま〴〵の差別のかたちは、あるにまかせて、たゞ平等にして一味なり。（中略）一切もろ〳〵の煩悩は、断ずる事なけれども、おのづからたえてさらになし。（中略）そのかみ、二祖これを得て、安心《あんじん》し、六祖これをさとりて衣《え》をつたふ。

「真如」は、変化流転を超えた究極の真理のこと。「二祖」と「六祖」は、中国における禅宗の系譜で第二祖とされる慧可《えか》と第六祖の慧能《えのう》のことで、慧可は達磨《だるま》大師（インドから中国に渡来したとされる禅宗の祖）から教えを伝えられ、慧能は中国の禅を大成したとされる。「衣をつたふ」とは、正しい法が継承されることを指す。差別をありのままに受け入れながら、いわば差別に即しながらも差別の相に囚われることなく、それを超えた平等なる本質を見ることが、鏡の比喩を通して鉄眼の言わんとするところなのであろう。

「三種の神器」

道元・盤珪・鉄眼という三人の禅者が、それぞれの生き生きとした言葉でもって、心のあるべき姿として鏡の比喩を巧みに用いたことを見てきたのであるが、江戸時代の神道の世界でも、鏡の比喩は好んで用いられる。そもそも、いわゆる三種の神器《じんぎ》の一つはまさに鏡であった。三種の神器とは、八咫鏡《やたのかがみ》・草薙剣《くさなぎのつるぎ》（天叢雲剣《あめのむらくものつるぎ》）・八坂瓊曲玉《やさかにのまがたま》であり、皇室の標識として歴代の天皇に伝えられてきたとされている。

まず『古事記』には、ニニギノミコトが天上世界から地上の世界（「葦原の中つ国」）に降りる時、祖母に当たるアマテラスが「八尺《やさか》の勾璁《まがたま》、鏡、また草薙剣」を授けたとある。ただし「三種の神器」という名称は見えない。『日本書紀』の本書は、タカミムスヒがニニギノミコトを天降りさせたとだけで素っ気ないが、一書（『日本書紀』の神話には、各段について本書とは異なる伝承が「一書に曰《い》はく」として記されている）には、アマテラスが「八坂瓊《やさかに》の曲玉《まがたま》及び八咫鏡《やたのかがみ》・草薙剣」という「三種《みくさ》の宝物《たから》」をニニギノミコトに賜って、「葦原《あしはら》の千五百秋《ちいほあき》の瑞穂《みづほ》の国は、是《これ》、吾が子孫《うみのこ》の王《きみ》たるべき地《くに》なり。爾皇孫《いましすめみま》、就《い》でまして治《しら》せ。行矣《さきくませ》。宝祚《あまのひつぎ》の隆《さか》えまさむこと、当《まさ》に天壌《あめつち》と窮《きはま》り無《な》けむ」と言い渡したと見える。このアマテラスのお告《つ》げは「天壌無窮の神勅」と呼ばれて、天皇家による日本統治の根拠をなすものとして（つい七十年ほど前まで）重んじられた。この「天壌無窮の神勅」とセットになって、玉・鏡・剣が「三種の宝物」とされるのである。こうして鏡は神道にとって大事なものであったが、鏡が人間の心と結びついて語られるようになるのは、はるか後の時代である（北畠親房の『神皇正統記《じんのうしょうとうき》』が、三種の神器の一つである鏡を、万象をありのままに照らすことから「正直《せいちょく》」の徳と結合させた）。鏡は、その始まりにおいて、アマテラスの子孫としてこの国土を治めるべき特権的な地位、天皇位の聖なる象徴であった。

ところで神道、あるいは神道思想というものが一体どういうものなのかについては様々な議論があって、簡単に要約できるようなものではない。一つだけ確かなことは、日本人は神々への信仰について、それを教えの言葉でもって表現することをしてこなかったということである。概念化や抽象化をしなかったと言ってもよい。カミとは何かというような問題を立てて、その答を提示するというような試みを、日本人はしてこなかった。そして、仏教という途方もなく大きな世界観が日本に伝えられると、古来の神々への信仰はそれに呑み込まれていった。仏教は無限の包摂力を持った宗教であるから、在来在地の神々を抹殺するのではなく、それらを何でもなく包み込んでしまう。こうして、仏教の世界観、仏教の観念に取り込まれることで、日本の神々は、それがどういう神なのかを初めて（言葉でもって）説明されることになった。もし仏教が伝えられなかったなら、寺院というものを日本人は知らず、寺院が知られなかったなら、神社というものさえ、生まれなかっただろう。神々を祭るための恒常的な施設を作るという発想が、日本にはなかったからである。この一事をもってしても明らかな通り、仏教の伝来は、日本人のカミ信仰にとっても大変に大きな事件であり、仏教が伝わったことで、日本人のカミ信仰の形は根底的に変容していった。この巨大な変容以前の、いわば日本人のカミ信仰の原型（原風景）に近づくことは容易ではない。柳田國男・折口信夫《しのぶ》から谷川健一まで、優れた民俗学者が、日本人の神々への信仰の原型を求めて、南方の島々に注目したわけであるが、それはひとえにそれらの島々は仏教の影響を受けることが歴史的に少なかったからである。

「心は神明の舎」

仏教に包み込まれることで、神道は、初めて神々を語るべき言葉を獲得した。平安時代の末期から鎌倉・室町時代のことである。それが江戸時代に入ると、時代思潮に乗って、仏教ではなく儒教の言葉を借りて自分たちの信仰を解説する傾向が強くなる。そのもっともまとまった書物が『陽復記』であって、それを著したのが度会延佳《わたらいのぶよし》（一六一五・元和元年〜一六九〇・元禄三年）である。伊勢神宮の外宮《げくう》は、内宮《ないくう》と対抗しながら中世の伊勢神道（度会神道）の発信源として大いに奮闘したが、その外宮の神職の子として生まれた延佳は、豊宮崎《とよみやざき》文庫を作って、そこに収められた貴重な書物を公開したほどの開明的な人物であった。儒教の古典である『中庸』に、「知仁勇」の三つを「天下ノ達徳」と讃えた一節があるが、延佳は「三種の神宝（神器）は、知仁勇の三徳を表したる」ものだとした。あらゆる物を映す鏡は、広い知恵の象徴だというのである。そして延佳は、「神とは鏡といふ和訓を一字略」したもの、つまり「カガミ」という言葉が縮まって「カミ」という言葉になったと述べて、さらにこう言う。

誰も〳〵心をかゞみのごとくせば、吾心則天御中主尊《あめのみなかぬしのみこと》・天照大神《あまてらすおおみかみ》に同じからんか。其上心は神明《しんめい》の舎《みあらか》といへば、もとより人〳〵の心中には神やどりましませども、くらましたる心は舎の戸を閉たるがごとく、又鏡にさびうき、塵積りたるに同じ。急ぎ神明の舎の戸をひらき、鏡のさび塵を去べし。

「心は神明の舎」とは、中世からよく言われた決まり文句であって、正直な心、清らかな心には神が宿ってくれるというような意味であろうか。「舎」は、やどり、一時的に身を寄せる所という意味である。「心」は、神がいらっしゃる尊い宮殿なのである。それを受けて延佳は、『古事記』が「天地《あめつち》初めて発《ひら》けし時、高天《たかま》の原に成れる神の名は、天御中主神」と伝えるところのアメノミナカヌシと、高天原を主宰する太陽神＝アマテラスを挙げて、人間が鏡のような清澄な心を獲得すれば、そこにこれら二神の分霊が宿るのだとする。アメノミナカヌシやアマテラスは天上世界（高天原）に居続けるのだろうが、その分霊が、人間の清らかな心を宮殿としてそこに身を置くというのである。これは、完璧なまでに澄み切った心は、アメノミナカヌシやアマテラスと一体化したものだということなのだろう。「正直の頭《こうべ》に神宿る」というような俗諺《ぞくげん》は、中世からついこの間まで、人々のよく口にするものであった。これは、現実社会では正直者がバカをみるようなことが確かにあるが、しかし正直であり続ければ、結局は神様が上からお守りくださって、吉福を与えてくださるということであろうが、延佳の説くところは、もっと過激なのである。なにしろ、個々人はあるべき「心」において、神々の中でももっとも貴い神と一体になってしまうのであるから。そして、それは神道のプロ、神職に限った話ではなく、世俗生活をおくっている誰もがその境位を目指して、「鏡のさび塵を去べし」と励まされるのだから。

雷であれ地震であれ、神話に登場する神々であれ、あるいは蛇や狐や狸であっても、人知を超えたものはすべて神だったのであり、人はただそれを畏怖すべきものとしてその前に平伏し、その神威が穏やかに鎮まることを願ったのであり、歌も踊りも、神々に鎮まっていただくために捧げられたものだった――これが、日本人の神に対するもともとの姿勢だったとすれば、延佳の説く世界は、そこから何と遠くまで隔たってしまったものだろう。そもそも、『古事記』や『日本書紀』に出てくる鏡は、天上の神々の世界からの正統な血統の証明としてアマテラスの子孫に手渡された聖なるものであったはずであるが、それが、万人の「心」に内在する神の象徴とされ、一人ひとりが自らの意志でもって神の宿るべき清らかな「心」を獲得するように努めよとされるのである。

延佳には悪いが、「カガミ」という言葉が縮まって「カミ」になったという議論は、今は成り立たない。古代の日本語の母音では、「カガミ」という発音のミ（mi）と、「カミ」のミ（mï）とは別な音であったことが学問的に証明されているからである。

藤原惺窩

「見わたせば　花も紅葉も　なかりけり　浦の苫屋《とまや》の　秋の夕暮」、『新古今和歌集』に収められてよく知られているこの歌の作者である藤原定家は、戦乱に明け暮れる世の中にあって、その日記である『明月記』の中で「紅旗征戎《こうきせいじゅう》、吾ガ事ニ非ズ」と書いてのけたという。軍事に携わる家柄ではないというのである。その家筋は二条家・冷泉《れいぜい》家などに分かれたが、定家の一二世（一一世とも）の孫として冷泉家に生まれたのが、江戸時代の儒教の祖とも言うべき藤原惺窩《せいか》（一五六一・永禄四年〜一六一九・元和五年）であった。惺窩が生まれたのは、ちょうど上杉謙信と武田信玄の川中島の戦いのあった年で、幼い頃、政治的な争乱で父と兄を殺害されるという過酷な体験を惺窩はくぐっている。時代は、定家の生きた時代よりもさらに血なまぐさい戦国時代の真只中である。

惺窩は、臨済宗の名刹、京都の相国寺で学問に専念したが、次第に儒教への関心を強めていく。儒教は、中世においては、学問を専《もっぱ》らとする貴族の家柄（例えば大江家、清原家）や禅林で学ばれていた。中世の武家社会で儒教が学ばれた例としてよく話題にされる下野《しもつけ》の足利学校も、そのトップは禅僧であり、すっぽりと禅の精神世界の中にあった。私たちは、儒教と仏教は別なものだと見てしまうが、こと中世では、限りない包摂力を持つ仏教が、儒教や神道を包み込んでいたのである。それが中世の学問や思想の姿だったとすれば、惺窩は、そういう世界から、儒教を独り立ちさせるための大きな一歩を踏み出した人物だった。惺窩は、本格的に儒教を学ぶために、薩摩から中国（当時の王朝は明）に渡ろうとしている。この企ては失敗して鬼界ヶ島に船が漂着してしまうのであるが、かりに惺窩が中国に渡っていたなら、日本の思想史はどう展開しただろうかと考えてみるのは面白い。というのも、日本の儒者で中国に渡って学んだ者は一人もいないからである。これは、仏教の受容と決定的に違った、日本の儒教の特色である。中国で学んだ惺窩が日本に帰ったなら、何を発言しただろうか。その後、惺窩は、慶長の役（朝鮮側からは丁酉倭乱、一五九七〜九八年）で秀吉が朝鮮から捕虜として日本に連れてきた儒者である姜沆《カンハン》と出会い、姜沆から朱子学を学んでいる。姜沆は、惺窩の六歳年下であるが、二人の間には儒者同士の人間的な信頼関係が築かれていた。こうして惺窩は、仏教から独立したものとしての儒教の立場を内外に明らかにしていく。

「格物」

さて儒教に「格物《かくぶつ》」という言葉がある。この言葉は『論語』や『孟子』には見えないが、『大学』という小さな書物の中にあって、朱子学や陽明学といった近世の儒教において決定的に重要な概念として注目されていた。『論語』や『孟子』の時代にはまだ仏教は中国に伝わっていなかったが、仏教が入ってくると、思想的・精神的な世界は完全に仏教によって制覇されて、儒教はまったく振るわなくなってしまった。長い停滞の後、儒教の側から反転攻勢に出たのが、宋代から起こった朱子学であり、明代の陽明学である。朱子学も陽明学も、仏教、とくに禅の考え方を十分に呑み込んだ上で、『論語』や『孟子』をはじめとする古典を新たに読み変え、『大学』や『中庸』といった新しい古典を発掘して、そこに深い哲学的・政治的な思想を読み込んでいった。その『大学』に、「格物・致知《ちち》・誠意・正心《せいしん》・修身・斉家《せいか》・治国《ちこく》・平天下」という思想が説かれている。学問（儒教）の最終目標は、人類全体の平和（平天下）であるが、そのためには君子（徳を備えたエリート）によって国が穏やかに統治されること（治国）が前提である、そのためには君子自身の家が整っていなければならない（斉家）、そのためには君子自《みずか》らが立派な人物でなければならない（修身）、そのためには君子の心が正しくなければならない（正心）、そのためには心の動き出すその場、つまり意が誠実なものでなければならない（誠意）、そのためには「致知」が必要で、その出発は「格物」から始まるということである。つまり、すべては「格物」「致知」から始まる。学問は、個人的な楽しみとして満足すべきものではなく、天下国家を、あるべき天下国家たらしめることに帰着するというのが儒教の大原則である。それは、狭く言えば政治的な志向と言うべきものなのかもしれないが、政治や道徳というような近代的な区別では捉えがたい、真善美のすべての価値を総動員した発想だと見たほうがよいだろう。あるべき天下国家の秩序は、真実と善意を体現した、かつ美的なものとしてあると考えるのが儒教である。美的という契機は、儒教からは遠いように思われるかもしれないが、儒教の重んじる礼楽（礼儀・儀礼と音楽）の秩序は、何よりも調和のとれた美しいものとして意識されていただろう。とすれば、まずこの「格物」とは何かが大問題となる。事実、近世の思想世界は、「格物」をどう理解すべきかをめぐって、一大論争を展開することになる。

朱子（一一三〇～一二〇〇）は、それまでの宋代の儒教の思想を集大成して、その後の東アジアの思想世界を主導した一大体系を築いたが、その学問方法論を「格物」の解釈という形で提示した。朱子によれば、世界のあらゆる事物はいい加減に、あるいは偶然的にそこにあるのではなく、そうあるべき「理」（真善美を尽くした規範）というものに支えられて、そこにある。父と子という関係があれば、そこには父と子が本来どうあるべきかという「理」が内在しているはずである。個々の事物について、聖人・賢人の書物を読み、仲間同士で討論をし、自分の経験を反省しながらその「理」を明らかにしていくこと、つまり「窮理《きゅうり》」、「理」を窮《きわ》めること、それを朱子は「格物」だと考えた。中心にあるのは、古典（聖賢の書である四書五経）の学習である。しかし対象とすべき事物は、天体の運行でもよいし、倫理的な問題でも、社会的・政治的な問題でもよい。「理」の探求は、自分の内側に向くこともあるし、社会の在りかたや自然界に向くこともある。朱子は、「格」を「至る」と読んで、事物に至って、つまり個々の事物にこちらから出向いて向き合って、その「理」を探求することが学問だとした。その「理」を明らかにして獲得することが、直ちに「知を致す」ことでもある。

これに対して王陽明（一四七二〜一五二八）は、「格」を「正す」、「物」を人間の内側の意念の発動として解釈した。朱子のように、事物の「理」を一つひとつ窮めていくことではなく、「心」が動くその瞬間、その動きを正しいものにさせることが陽明の理解する「格物」なのである。陽明は、人間の心には完全なる善性が「良知」、すなわち是非善悪を判断していく先天的な能力として備わっているのだから、それをストレートに発揮させることが、何にもまさる根本的な問題だと考える。「良知」という概念は、『孟子』（尽心上篇）に拠《よ》っている。朱子の説くような、世界のあらゆる事物の「理」を一つひとつ探求していくなどということは、そもそも出来ることでもないし、結果的に「良知」の発揮という根本問題を置き去りにさせてしまう決定的な誤りだ、こう陽明は主張する。「致知」の「知」を、端的に「良知」とするのである。

「物欲を去る」

さて、惺窩である。「格物」について惺窩は、『大学要略』においてこう論じ出す。

己ガ心上ニ一点ノ機心アレバ、神知不発ゾ。

「機心」は『荘子』（天地篇）に見える言葉で、何かを企《たくら》もうとする心、作為的な心ということである。ここで惺窩が言うのは、「心」に作為的な何かがあると、「神知」、心の霊妙な働きは動き出さないということである。「心」には、本来、霊妙な働きが備わっているのに、人間の小賢しい思慮があると、逆にそれを損なってしまうということなのだろう。そして惺窩は、「コレヲ鏡中ニタトフ」、鏡を喩えにして説明しようと言う。

物トハ塵也。鏡中清明ナレバ、一点ノ塵ヲサレバ、明ヲ不レ待シテ明見（現）スルゾ。其鏡中ノ清明ナルトコロヲ虚ト云フ。ソノ中ニ霊アリ。

「格物」の「物」は、鏡につく「塵」なのである。その「塵」を除き去れば、そこには自ずから鏡の「清明ナルトコロ」が現れる。「清明」は、

鏡中ノ清浄光明ナル処ニ虚霊アルゾ。

とも言われるように、「清浄光明」を縮めた言葉であろう。

では「塵」とは何か、惺窩は、端的にそれを「物欲」だと述べている。「格物」とは、「心上ノ物欲ヲ去ル」ことだという。したがって「格物」の「格」は、「去る」と読むことになる。しかし、「物欲」を去ると簡単に言うが、よし、物欲を去るぞと思うこともまた、作為的な心の働きということになってしまうのではないだろうか。惺窩も、

物ヲ格《さ》ラントテ工夫《くふう》スレバ、其工夫スルコトモ物也。

とか、または

只心ニ一点ノ昏濁アレバ、イロ〳〵ノ思慮アリ。（中略）思慮ナキヤウニ思フハスナハチ思慮ナリ。

などと述べている。「工夫」や「思慮」は、ここでは悪しき作為的な働きであり、「虚」こそが望ましい心の姿である。心が「虚」であってこそ、あらゆる事態に自由に対応する「神知」（「神」は、カミではなく、「霊妙な」という意味）が存分に発揮される。鏡に「物ヲウツス光明」があるように、どんな事態が生起しても、それを正しく認識して判断するダイナミズムがそこには備わっている。それは、心の「塵」、つまり「物欲」を去って、その後で「神知」、心の霊妙な働きが起こってくるというような段階をおった間延びした話ではない。

物格《さ》レバ、自然ニ知ニ至ラントスルココロモナク、其マヽ知至ゾ。物格《さり》テノチニ知ノ至ルニハアラズ。物格ルウチヨリ毫髪《ごうはつ》ノ間モナク知ノ至ルコト可レ知。

「毫髪ノ間」は、ほんの一瞬の間。鏡の塵を払うことと、鏡の光明を回復することは、別々の二つのことではない。

こうして惺窩は、あらゆる事物の「理」を明らかにするという朱子の「格物」とも、意念を正して「良知」をストレートに発揮させるという陽明の「格物」とも違った、物欲を去るという新たな「格物」理解を獲得した。こういう惺窩の理解には、儒教・仏教・道教の教えは究極で一致すると説く、明代の三教一致論の影響が強いということが指摘されている。それはそれで間違いないことであるが、若い日の惺窩が禅林で学んだということが大きいのではないだろうか。

それはさておき、「心」のあるべき姿を曇りのない鏡のイメージで捉えるという発想は、その後、惺窩のような厳しい緊張感を失いながらも、通俗的な朱子学の書物で繰り返し強調された。『大学』に拠って、万人の「心」には本来「明徳」が備わっているとされるが、

明徳トハ（中略）タトヘバアキラカナル鏡ノゴトシ。

とは、林羅山（一五八三・天正一一年〜一六五七・明暦三年）の『三徳抄』の言葉。

たとへば明とくは鏡のあきらかなる影なり。人欲はかゞみのくもるなり。日々夜々に此明徳の鏡をみがゝざれば、人欲のちりつもりて本心をうしなふ。

とは『仮名性理』（筆者未詳）の言葉である。羅山は惺窩の弟子で、秀才として知られ、家康のブレーンとして活躍した。『仮名性理』は、一六九一（元禄四）年に刊行された通俗的な儒教の書物である。先に見た神道家、度会延佳の鏡の比喩も、こういう時代の潮流と深く結び付いていることは明らかであろう。朱子学では、「格物致知」の努力を重ねることで（最終的には）聖人になることを理想としたが、延佳は、それを換骨奪胎して、聖

人の代わりにアメノミナカヌシやアマテラスを置いたのだと見ることもできる。

朱子学と陽明学

中国の朱子学と陽明学について、鏡の比喩を拾ってみよう。朱子は『論語』の注釈書として『論語集註《しっちゅう》』を著した。注釈（古典の語句・文章に即した解釈）というと、後ろ向きで、あまり創造的な仕事とは思われないかもしれないが、それは大変な間違いである。孔子その人が「述べて作らず」（『論語』述而《じゅつじ》篇）と語っているように、伝統的な思想世界では、先人の言葉を正しく伝えることがもっとも大事なことであり、それは要するに、誤った解釈を斥けて正しい解釈のもとに先人の言葉を後世に手渡すことである。何が正しい解釈なのか、その争いが思想の歴史でもあった。それを思えば、注釈という営みは、学者・思想家としての本領であり、まさに思想闘争の主戦場だったのである。

「怒りを遷さず」

さて、孔子がもっとも期待をかけた弟子は、顔回《がんかい》（顔淵）であった。その顔回をめぐって、『論語』にこういう一節がある。

哀公問ふ、弟子孰《たれ》か学を好むと為《な》す。孔子対《こた》へて曰《いは》く、顔回なる者あり、学を好む。

怒《いか》りを遷《うつ》さず、過《あやま》ちを弐《ふた》たびせず。不幸、短命にして死せり。今や則《すなは》ち亡《な》し。未《いま》だ学を好む者を聞かざるなり。（雍也《ようや》篇）

魯の哀公が、「弟子の中では誰が学を好むか」と尋ねたところ、孔子が「顔回が学を好んで、怒りのままに八つ当たりすることもなく、過ちを繰り返すこともなかった。しかし顔回は死んでしまい、今はもういない。学を好む者は、もういない」と答えたというのである。「今はもういない」とは、顔回がもういないということか、学を好む者がもういないということなのか解釈は分かれるが、ここでは深入りしない。顔回は、孔子の七一歳の時、これからという年で死んでしまった（今日、多くの研究書は四一歳とする。朱子は、三二歳だったとする）。孔子は七四歳で没するから、最晩年の孔子の心境の一端がうかがえる問答である。「学を好む」というのは、「子の曰く、十室の邑《ゆう》、必らず忠信、丘《きゅう》が如き者あらん。丘の学を好むに如《し》かざるなり」（公冶長《こうやちょう》篇）とあるように、孔子自身が自認するところでもある。丘は、孔子の名。孔子は他の点ではともかく、「私が学を好む、それに及ぶ者はいないだろう」と自負したのである。さて、ここでの「怒りを遷さず」が問題である。八つ当たりをしないということであるが、それでは何とも卑近というのか、拍子抜けしてしまうほどである。「学」についての話なのだから、しかも顔回についての評価なのだから、もう少し高遠な格調高い話であってほしいのにとつい思ってしまう。しかし朱子は『論語集註』で、そうではないとする。

顔子の克己の功、此《かく》の如きに至る。真に学を好むと謂う可し。

「克己」は、「顔淵、仁を問う。子の曰く、克己復礼を仁と為す」（顔淵篇）を踏まえている。朱子は、顔回の「仁」の実践、具体的には「己に克ち礼に復《かえ》る」（私欲に打ち勝って規範から外れない）という実践が究極のところまでいったから、「怒りを遷さず」の境位にまで達したのだと解釈している。そこまで達していない者には、八つ当たりをしないという、一見すれば卑近とも思える境位も望めるものではないと朱子は捉える。それを朱子は、およそ百年前の北宋の儒者で、尊敬すべき先輩としての程頤《ていい》（伊川《いせん》）の次の言葉を引いて説明した。

顔子の怒は、物に在りて己に在らず。故に遷さず。（中略）喜怒は事に在れば、則ち理の当《まさ》に喜怒すべき者なり。血気に在らざれば、則ち遷さず。（中略）怒る可《べ》きは彼に在り、己《おのれ》何ぞ与らん。鑑《かがみ》の物を照らすが如く、妍媸《けんし》彼に在り、物に随ひて之に応ずるのみ。何の遷すことか之れ有らん。

「妍媸」は美醜。怒るべき時には怒るのである、しかしその怒りは、対象となる事物に怒るべき何かがあるから怒るのであって、血気の私に任せて、我を忘れて怒るのではない。それは、聖人の感情生活全体に言えることである。それはすべて「理」に適っている。ちょうど鑑（鏡）が、美しいものは美しく醜いものは醜く、物をそのままに映して、先に映したものの影を残さないのと同じであると程頤は述べた。現実の人間の感情生活では、「心」という鏡に、すぐ先に映した物の影が残ってしまうからなのである。それは血気の私、つまり生身の自分の好悪、広く言えば感情に自分が引きずられてしまうからなのである。聖人には、そういう好悪はない。ただ対象となる事物に相応して、過不足なく感情を振り向けて対応するのである。顔回にとっての「学を好む」とは、ただ勉強が好きだというようなことではなく、そういう聖人の在りかたに近づくことなのだと朱子は言いたい。

朱子は、人間には誰一人の例外なく、天から、欠けるところのない「理」が与えられ、その「理」が「心」の奥底に「性」として静かに潜んでいるとする。ただし人間が身体をもった存在であるところから、つまり「気」の凝集・循環で成り立つ身体をもって生きるから、純粋で曇りのない「気」を得て「性」としての「理」のままにある聖人から、混濁した「気」によって完全に「理」が暗まされて無知・悪逆な者までの上下の偏差が生まれるのだとする。聖人ならざる現実の人間は、自らの「気」（気質）の偏りを正して、少しでも「理」に忠実に生きられるように努力しなければならない。その努力をギリギリまで突き詰めたのが、顔回である。ちなみに聖人（孔子）は、生まれながらに「気」の純正を得ているので、意識的な努力の必要はないものとされた。その顔回の心は、朱子によれば鏡のイメージで表現され、鏡と外物という枠組みで問題が考えられているのである。

「良知」

朱子学でも鏡の比喩は用いられたが、陽明学になると、さらに鏡の比喩は好まれた。王陽明の言葉を伝える『伝習録』を開くと、例えばこうある。

聖人の心は明鏡の如し。只《た》だ是れ一箇明かなれば、則ち感に随ひて応じ、物として照さゞる無し。未だ已往の形尚ほ在り、未照の形先づ具《そなは》る者は有らじ。

過去の影を引きずったり、来たるべきものに予見を持ったりしないというのである。あるいはまた

聖人の心は明鏡の如く、常人の心は昏鑑の如し。

などと言われる。陽明学の特色は、この鏡を「良知」として捉えるところにある。

良知は常に覚り常に照す。常に覚り常に照せば、則ち明鏡の懸りて、物の来るとき、自ら其の妍媸を遁《のが》るゝこと能はざるが如し。

赤ちゃんが、好きなものが口に入ればニコニコし、不快なものに対してはぐずるように、後天的な思慮分別を俟《ま》たずに、善を快とし悪を不快とするような能力が、「良知」として万人に備わっているのだと王陽明は言う。「良」は、生まれつき完璧な、という意味であ

る。その「良知」を、赤ちゃんのように曇りなく発揮できるのが聖人であり、後天的な欲望や頭でっかちの知恵によって「良知」を曇らせているのが常人なのである。

朱子は、物事の「理」を順序よく窮《きわ》めていくこと（「窮理」）、心を静かで慎《つつし》み深い状態に置くこと（「居敬《きょけい》」）、この二方向からの工夫《くふう》が、「心」の本来の姿を回復するためには必要だと考えた。しかし陽明学からすれば、それらの工夫はいずれも二次的なものに過ぎない。もっと、心のダイナミックな働きそのものを全面的に信頼してよいのである。朱子のように考えれば、万巻の書物を読まなければ本来の「心」は明らかにならないということになる。いや、万巻の書物を読んでも、明らかにはならないだろう。「心」とは、そういうものなのか。人が本当に心地よいものを、赤ちゃんのように求めれば、それが真なるもの、善なるもの、美なるものなのではないか。そういう思いが、「良知」には込められていて、それを鏡で喩えたのであろう。朱子学では、現実の鏡は曇っているから無限に磨き続けろと言うが、陽明学は、磨くことがいつの間にか自己目的になってしまうことを警戒し、「心」が本来備えている「良知」に全幅の信頼をおくべきことを主張した。

虚

さてここからは、「こころ」の本源を探ろうとした思索の跡を、もう少し違った道筋から訪ねてみよう。キーワードは、藤原惺窩のところでも見えた「虚」である。

熊沢蕃山

熊沢蕃山《ばんざん》（一六一九・元和五〜一六九一・元禄四）は、短い間ではあったが中江藤樹《とうじゅ》について学び、岡山藩主であった池田光政に仕え、治山治水・飢饉対策などに手腕を発揮した。その才能は誰もが認めるもので、幕末まで、経世家（政治家、政治改革の提言者）としての蕃山の名声は維持されていく。蕃山は、四〇歳を前に引退し、その後は京都で公家・大名をはじめ多くの人士と交わりながら、『集義和書《しゅうぎわしょ》』『大学或問《だいがくわくもん》』などの著作の執筆に専心した。その『大学或問』は、蕃山が正面から現実政治を論じたものである。そこでは、外敵への備えや参勤交代の緩和、武士の土着などが主張されているが、これが幕政批判と受けとめられて、下総国古河《しもうさこが》に幽閉されて生涯を閉じることになる。
蕃山は、かつての元寇の時と同じように、明朝を倒した北方の「蛮族」が、勢いに任せて日本にまで来襲するに違いないと見て、その対策を怠らないように訴え、また庶民生活の窮乏化や人心の不安に付け込んで、今は巧みに潜んでいる「吉利支丹《キリシタン》」がいつか動き出すのではないかという危機感を懐いていた。外からの「蛮族」の侵攻、内に潜む「吉利支丹」の暗躍、これが結び付いたら日本は大変な難しい状況に陥るのではないかと蕃山は切実に憂いていた。

「太虚」

北方の「蛮族」の侵攻も「吉利支丹」の策謀による内部転覆も起こらなかったが、問題を捉えるこういう視圏の広さは、蕃山の優れた資質であって同時代の中でも群を抜いていた。「心」という主題をめぐっても、その蕃山らしさは生きている。『集義和書』には、「心」を論じてこうある。

仁者は太虚を心とす。天地・万物・山水・河海みな吾有なり。春夏秋冬・幽明昼夜・風雷雨露霜雪、みなわが行なり。順逆は人生の陰陽なり。死生は昼夜の道なり。何をか好み何をかにくまむ。義と共にしたがひて安し。

「太虚」は元来は大空のことであるが、ここでは宇宙の全エネルギーの究極の根源・来処とでもいうことだろうか。今、私たちは何気なく天気や元気・病気などと言うが、古くから中国では、「気」が循環し、凝集して、組み合わされることで万物は成り立ち、「気」が流行・運動して、最後は「気」が拡散していくとされた。「気」は、その天地万物を構成する物質的なエネルギーである。私たちの身体も含めて、個々の事物は「気」の運動から成り、大きくは宇宙全体も「気」の運動として存在する。その「気」の全運動の活力に満ちた根源が「太虚」と呼ばれた。「太虚」という言葉は『荘子』(知北遊篇、ただし表記は「大虚」)に見えるが、宋代から明代にかけて新しく起こった儒教の中で、宇宙的な生命と自己の一体化を謳《うた》うという文脈において再登場した。江戸の思想は、宋代・明代の儒教を基礎的な栄養として、その滋養を存分に吸収している。それらに反発した伊藤仁斎《じんさい》や荻生徂徠にしても、若い時代、猛烈に宋代・明代の儒教を学んだのであり、そこから得たものは仁斎や徂徠の血や肉になっていた。その宋代・明代の儒教には、尊卑上下の区別を明らかにするといういかにも儒教らしい考え方と並んで、天地のすべての生命の一体感を讃えるような発想が脈打っている。仏教と違って、生きることを苦しみや迷いの中でもがくことだとは考えない儒教は、本来、生きるということを大らかに肯定するが、その生《せい》の肯定がここで極まったかの感がある。「万物一体の仁」などという言葉も好まれたが、「仁者は太虚を心とす」で始まる蕃山のこの言葉は、そういう宇宙的なスケールでの生の連帯感情の表明として理解することが出来る。

「活発流行」

蕃山は、「太虚」を「心」とすれば、「天地・万物・山水・河海」のすべてが自分の「有」だと言う。あらゆる事物・事象が自分と生き生きと繋がっているのであって、無関係なものなど一つとしてないということである。他人のことだから、外国の話だから……というようなことにはならない。仏教でも、因果の連鎖はあらゆる事物・事象を包むだろうが、蕃山の「太虚」は、生のエネルギーが溢れ出る根源なのであって、その生においてすべてが繋がっている。「天地・万物・山水・河海」が、生き生きとしたものとして蕃山の目には映っている。そして、「春夏秋冬・幽明昼夜・風雷雨露霜雪」、すべては運動し循環している。その運動や循環は、自分の外側にあるのではなく、例えば私たちの呼吸にしても、食べて排泄することも、そういう運動や循環の一つの輪なのである。そう考えれば、世界のあらゆる事象も、自分と別なところにあるものではない。まさに「吾有」「わが行」なのである。そして人生には色々な「順逆」があるわけであるが、それもまた「陰」と「陽」の「気」が色々に組み合わされて木・火・土・金・水の五行となり、さらにその五行が複雑に結合して万物として現れるようなものであろう。自分が生まれ、死ぬということもまた、大きな「気」の運動、その循環・凝集・拡散の一齣である。それは諦観ではないし、まして無常観というようなものではない。宇宙的な生命の生々のエネルギーが、ある歓喜をもって「心」において確かに実感されているのである。「心」は、宇宙を包む「気」の大きな運動と別にあるのではない。「気」のもっとも霊妙な働きとして「心」はイメージされている。そしてそこでは、自分の身体と別なものとして「心」があるのではない。「気」の全運動の根源である「太虚」をそのままに「心」とすることが出来れば、それが「仁者」、つまり人間としての最高の姿だというのは、そういうことであろう。「何をか好み何をかにくまむ。義と共にしたがひて安し」とあるのは、そういう宇宙的な生命の生々のエネルギーの一齣として自己を見出した者の安らぎを言うのである。ただしその安らぎは、静止したものの持つ安らぎではない。「安重」とは、浮薄ではないどっしりした安定のことであるが、蕃山は、

形の静なるを以て安重をいふは非なり。心は活発流行の体也。水の流てやまざるがごとし。やまざる処常なり。安重其中にあり。山は其体静也といへども、草木を生じてやまず。山沢、気を通じて出泉あり。流行静中にあり。故に安重は動静によらず。心定りて無欲なる時は自然に安重也。

と述べている。動か静かという二者択一の発想は蕃山にはなかっただろうが、「心」の「体」（本質）は、「活発流行」なるものなのである。蕃山にとっての「水」は、明鏡止水ではなく、不断に流れ出てやまないものであり、「山」も草木を生長させ、泉を湧き出させるものとしてある。そういう生のエネルギーの躍動の中に、自己もまたその一齣としてあることを実感すれば、「心」はふらつかず「無欲」となって本当の安らぎを得ることになると蕃山は言っている。いわば「心」は「太虚」と一体となって「活発流行」であるからこそ、実はそこにどっしりした安定があるということなのだろう。

「心中悪なきのみならず、善も又なし」

さて蕃山は、古代中国の聖人である舜《しゅん》に託して、こう述べている。

大舜の心は空々如《くうくうじょ》たり。天の蒼々昭々たるがごとし。（中略）心中悪なきのみならず、善も又なし。小善もなく大善もなし。（中略）舜の心に善を有し給はざる故に、よく人の善を受いれ給ふ。天下の善を許容して、其時・所・位にあたれるを取て、みづからも用ひ、国家にも行ひ給へり。

ここで大事な点は、舜の「心」には、「悪」がなかったばかりではなく「善」もまたなかったとされることである。「小善もなく大善もなし」として、蕃山はこの点を強調して

いる。それは、青々と澄んだ大空（まさに「太虚」の原義）のようだったというのである。別の箇所では、

心の体は虚霊不昧なるものなれば、ただ悪なきのみならず、善といふ物も亦なし。（中略）無声無臭の心の本体の、無思無為寂然《せきぜん》不動にして、感じて天下の故《こと》に通ずる跡を見れば、みな善なり。

とも述べられている。「心」の本質は霊妙不可思議なものであって、元来そこには「悪」がないのは勿論のこと、「善」というものもない。それは、「無声無臭」「無思無為寂然不動」としか言いようがないものである。しかし、そういう「心」が、具体的な事や物に応じて働いたその「跡」を見れば、それはピッタリとあるべき姿形におさまって「善」としか評しようがない見事なものである、こう蕃山は述べている。それは例えば、舜が天下の政治を執《と》った時、「よく人の善を受いれ」て、それぞれの「時・所・位」に適応した方策を示したように見事なのである。私たちも、「心」が「太虚」と一体となって「活発流行」であるならば、そうなれるのである。「時・所・位」に適応した在りようを得るというのは、蕃山の思想の核心であって、その経世論を支える考え方でもあった。一つの例を示せば、蕃山は火葬を容認した。中国でも朝鮮でも、儒教は土葬でもって喪礼を行なう。江戸時代でも多くの儒者は、土葬が古来の礼であって、亡親の遺体を物扱いして火にくべてし

まう火葬は、孝の心を懐く子としては耐えられないことだとして厳しく反対したが、蕃山は、国土の狭い日本のような所で土葬をしていけば、あたり一面が墓地になってしまいかねないと論じた。蕃山は、礼の形に囚われず、状況・環境に合わせて柔軟な対応をすべきだと考えるのである。

「心」に戻ろう。現実の私たちの場合、そこに欲望やら雑念やら、何やかやが入り込んで、「太虚」と一つになるというような境位には辿り着けない。それにしても、なぜ蕃山は「心の体」には「悪」だけではなく「善」もないと言うのだろうか。「心の体」は「善」なのだから、欲望や雑念を払ってそれを押し出せと説くのが普通ではないだろうか。思うにそれは、「善」であろうとすることも、また一つの欲望だということではないだろうか。つまり、こうである。「善」であろうとするのは立派なことであるが、「太虚」と一体となった「活発流行」の境位、つまり「心」の「虚霊不昧」から見れば、「善」であろうとすることにおいて、そこに作為が入り込んでいる。その作為には、他人から「善」であると認められたいという欲望が、密かに滑り込んでいるのかもしれない。金銭欲・権力欲・色欲・名誉欲といった欲望は見やすいが、人間にとってもっと厄介な、欲望の姿を表さない欲望があって、その囚われから自由になることが一番難しいと蕃山は見ていたのかもしれない。

また思うに、「心中悪なきのみならず、善も又なし」云々は、既成の「善」というものに安易に寄りかかるなということなのかもしれない。例えば「孝」という道徳は、儒教にとって絶対に譲れない人倫秩序の出発点であるが、それに縛られたらどうにも動きがとれなくなってしまって、親の言う通りにしか行動できない人間になってしまう。蕃山は、勿論「孝」を尊重するが、「情欲の父母」に仕えるのではなく「性命の父母」に仕えよというようなことを言う。ここからは、生身の父母の期待や要求に従えば、世間は「孝」として子の行為を褒めるかもしれないが、そんなことで本当によいのかという蕃山の声が聞こえるようだ。既成の「善」の観念で「心」を律していれば、それで一通りの善人は出来上がるだろうが、それが本当の「善」なのか、「太虚」の生々のエネルギーと一体となった人間本来の在りようなのかと蕃山は問う。

囚われない心

蕃山は「太虚」の「虚」に、「善」「悪」をめぐる一切の常識から一度は放たれることで、「心」の宇宙的なエネルギーを回復しようという思いを込めたのかもしれない。「善」であろうとする作為、「善」として認められたいという欲望、自分が「善」だと思ってきたことが「善」だと信じたい思い、こういうものから放たれるとはどういうことなのか、それを蕃山は、「太虚」に立ち戻って考えようとしたのであろう。

儒教という思想は、規範を重んじるという保守的で堅苦しい性格を持っている。蕃山は、規範の意義を軽んじていたわけではないが、規範の具体的な在りようは、「時・処・位」に応じて様々でありうることを力説した。古代とは違う現代、中国とは違う日本、その人の置かれた社会的な位置、そういう違いを勘案せずに、一律に形式を当てはめようとする態度を斥けた。そこから、経世家としての蕃山の活躍が生まれるのであるが、その思想の根底にあるのは、社会や制度を支えるのは一人ひとりの「心」であり、その「心」が、何者にも囚われずに生々活発な働きを存分に果たすためには何が大切なのかという問題意識であった。

「心」を「虚霊不昧」と形容するのは、宋代以降の新しい儒教では普通のことであるが、「虚」という言葉には、儒教の枠を超えかねないような何か不思議な力がある。ちなみに時代は下るが、大塩中斎《ちゅうさい》には、儒教の文献の中で「空」や「虚」といった概念がどこに見えて、それがどういう意味を担ったのかを考察した『儒門空虚聚語《しゅうご》』という著作もあるほどである。

『論語』の「空」

『儒門空虚聚語』のからみで、無駄話を一つしておきたい。『論語』の中に、孔子が顔回を評した言葉として、「回也其庶乎、屢空」（先進篇）とある。岩波文庫（金谷治）では、「回や其れ庶《ちか》きか、屢〻空《しばしばむな》し」と訓読して、「回（顔回）はまあ〔理想に〕近いね。〔道を楽しんで富みを求めないから〕よく窮乏する」と現代語訳をしている。孔子はすぐ続けて、同じく門人である子貢《しこう》は金儲けが上手いと評したが、そちらはここでは関係ない。問題は顔回について言われた「空」をどう読むかである。

朱子の『論語集註』は、この「空」を米びつが空《から》になることだと述べている。金谷訳の「よく窮乏する」も、朱子の解釈を継いだものである。伊藤仁斎や荻生徂徠は、朱子の『論語』解釈をそれぞれ厳しく批判して、仁斎は『論語古義』を、徂徠は『論語徴』を著して、自らが初めて明らかにしたと信じる『論語』の解釈を提示した。この二つの著書は、江戸時代の『論語』解釈史の白眉と言うべきもので、同時代の中国や朝鮮でも話題にされた。ただこの「空」については、仁斎も徂徠も、朱子に従っている。しかしこの「空」については、はるか昔、魏の時代の解釈において何晏《かあん》という学者が、「空」を「虚中」と解釈していて、唐や宋の時代に降っても、この解釈を採用する学者もいた。朱子の周りにも、「空」を「無」に置き換えて、「子、四を絶《た》つ。意なく、必《ひつ》なく、固《こ》なく、我《が》なし」（子罕《しかん》篇）――同じく岩波文庫版の現代語訳では「先生は四つのことを絶たれた。勝手な心を持たず、無理おしをせず、執着をせず、我《が》を張らない」――という孔子像と結び付けて、孔子の「無」の境地、そこに近いところまで到達していたのが顔回だとするような理解があった。朱子は、そういう理解は老荘的なもので、孔子の意図を歪曲するものだと批判して、米びつが空になるという解釈を主張したのである。朱子の解釈は、絶対の権威をもって、その後の東アジア世界に君臨した。江戸時代に『論語』を読んだ知識人も、手習所などで『論語』を学んだ人々も、この「空」を、顔回の窮乏ぶりを示すものとして味わったのである。

ところが、陽明学の影響を受けた学者の中には、この「空」を「太虚」と繋げて理解する動きが出ていた。大塩中斎（一七九三・寛政五年～一八三七・天保八年）は、通称を平八郎といい、大坂町奉行所の与力《よりき》を務めた人物で、いわゆる大塩の乱で有名である。中斎は、『洗心洞箚記《せんしんどうさつき》』という書物の中で、「太虚に帰す」ことの意義を力説したが、その『洗心洞箚記』において、ここで顔回に与えられた「空」という孔子からの評価は、

「顔子屢空」とは、心屢《しば》しば太虚に帰せしなり。而《しか》も猶ほ一息《いっそく》あり。聖人は則ち始めに徹し終りに徹し、一太虚のみ。

と読むべきだと論じている。顔回の心は「太虚」とほぼ一体であったが、「猶ほ一息あり」、まだ完全に一体というまでにはいかなかった。聖人（孔子）は、それが完全に一体だったというのである。こういう理解が、蕃山に淵源するものであることは言うまでもない。蕃山は『論語小解』という書物の中で、「孔子の心地は空空如たり、思ふべくして思ひ、為

べくしてなす、春秋の気の空中に生ずるがごとし」と述べている。「空」は米びつの話ではなく、孔子の何事にも囚われない「心」の様子を言ったもので、顔回は、その境地に近かったと読むのである。

『論語』の中には、もう一つ「空」が出てくる。「有鄙夫、来問於我、空空如也、我叩其両端而竭焉」（子罕篇）であり、「鄙夫《ひふ》あり、来たって我れに問う、空空如たり。我れ其の両端を叩《たた》いて竭《つ》くす」と訓読される一節である。金谷訳では、「つまらない男でも、まじめな態度でやってきてわたくしに質問するなら、わたしはそのすみずみまでたたいて、十分に答えてやるまでだ」となる。朱子も仁斎も徂徠も、この「空空如」を「鄙夫」の様子を形容するものと理解する。朱子は、「鄙夫」の「至愚」を言っているのだとする。しかし蕃山は、これを孔子にかけて、「空々たる神鏡あり、人問ときは発動す。事の本末、道器の上下、事理の精粗、世間の是非善悪両端あらずと云ことなし」として、塵一つない「神鏡」がすべてを映すように、「鄙夫」の問いであっても、孔子が丁寧にすべてを教えることを言っていると解釈している。陽明学ではこういう理解は共通であって、中斎も、この「空」を孔子の心境を語るものだとする。四国の多度津《たどつ》藩の家老を務めた陽明学者で、大塩中斎の教えを受けた林良斎《りようさい》（一八〇六・文化三年〜一八四九・嘉永二年、生年については異説もある）は、この「空」を「心は一善なし、故よく天下の善を尽す、若《も》し先つ一善あれは、是非皆たかう、故曰、無善無悪、心之体、又曰、無善無悪、謂フ二之ヲ至善一ト」と、説明している（『論語略解』）。既成の善悪の観念に囚われない心こそが心の体（本質）であり、それこそが実は究極の善だということである。

幕末の陽明学

江戸時代の陽明学は、幕末に近づくほど、人々の切実に求めるものとなった。すでに紹介した大塩中斎と、中斎より約二十歳の年長に当たる佐藤一斎（一七七二・明和九年～一八五九・安政六年）はその代表的な思想家である。一斎は、美濃国岩村藩の家老の子として生まれたが、幕府の教育機関である昌平黌《しょうへいこう》の儒官となり、渡辺崋山（蘭学者、蛮社《ばんしゃ》の獄で自害）や佐久間象山（開明的な朱子学者、尊攘派により斬殺）をはじめとして多くの多彩な人材を育てた。

一斎は、

学を為すの緊要は、心の一字に在り。心を把《と》りて以て心を治む、これを聖学と謂ふ。

（『言志晩録』）

と述べて、現実の「心」を、あるべき「心」に高めることが学問の目的だと説いた。では、その「心」とは何なのか。

挙目の百物、皆来処あり。軀殻《くかく》の父母に出づるも、また来処なり。心に至りては、則ち来処何《いず》くにか在る。余曰く、軀殻はこれ地気の精英、父母に由りてこれを聚《あつ》む。心は則ち天なり。軀殻成りて天寓す。天寓して知覚生ず。天離れて知覚泯《ほろ》ぶ。心の来処は、乃ち太虚これのみと。(『言志録』)

物にはすべて「来処」、由って来たる所がある。身体は父母を「来処」とし、「心」は「天」を「来処」とすると一斎は言う。それをさらに突き詰めれば、身体は、父母を通して大地の気の精英が凝集したものであり、「心」は「太虚」に由るとされる。そして、耳目口鼻、四肢百骸、各々その職を守り、以て心に聴《したが》ふ。これ地、天に順《したが》ふなり。とされるように、地気に由来する身体が、「太虚」と一つになった「心」に統括されることが、天地の在りように適った姿なのである。では、「心」が「太虚」と一つになるとはどういうことなのだろうか。

深夜闇室に独坐すれば、群動皆息《や》み、形影倶《とも》に泯ぶ。ここにおいて反観するに、但《ただ》覚ゆ、方寸の内に烱然《けいぜん》と自ら照らすものあり、恰《あたか》も一点の灯火の闇室を照破するが如くなるを。認得す、これ正にこれ我が神光霊昭の本体、性命も即ちこの物、道徳も即ちこの物、中和位育に至るも、また只これこの物の光輝の宇宙に充塞する処ならんと。

外の世界との関わりを絶って、静かに思いを致す。「方寸」とは、まさに「心」のことである。心の中に、闇室を照らす灯火のように、赤々と光るものがあることに気づく。それこそが「我が神光霊昭の本体」、つまり「太虚」と一つになった「心」の本質である。人間の生命も道徳も、世界の秩序も、この光り輝くものがあって初めてそこにありえるのだと一斎は言っている。一斎は、この光を「霊光」とも呼び、それは母体の中にあった時から、胎児の身体の中に既に天から賦与されて備わっているのだとも述べている。陽明学の言葉では「良知」と呼ぶのであろうが、それを一斎は、このように「心」の中の光のイメージで捉えていた。この光に照らされてこそ、「心」をもって「心」を治めることが出来るのであり、この光に導かれて、人間として生きる意味があり、道徳や秩序はそれとしての正当性が認められるのである。

先にも少し触れたが、ここで、あらためて大塩中斎の言葉を拾ってみよう。中斎も、一斎と同じように、

学は多端《たたん》なりと雖《いえど》も、要は心の一字に帰するのみ。(『洗心洞箚記』)

と言う。また、

心の体は虚霊のみ。悪固《もと》より無し、善と雖も有るべからず。如《も》し先《ま》づ善有りて塞がば、則ち神明は終《つい》に用を為す能はざるなり。

とも言うが、これもまた蕃山の「心中悪なきのみならず、善も又なし」を思い出させる。こ

こでの「神明」は神様ではなく、心の霊妙な働きを指す。こうして中斎も、「心の体」、心の本質が「虚」であることを強調している。心の「虚」が何かで塞がれてしまうと、その霊妙な働きが止まってしまうのである。そして中斎は、身体器官の「虚」にも関心を寄せる。

方寸の虚は、口耳の虚と本《も》と通じ一なり。而して口耳の虚は即ち亦た太虚と通じ一にして際無し。四海を包括し、宇宙を含容して、捉捕すべからざるものなり。

心臓の空洞と口耳の空洞、そして太虚、これらは通じていて、時空の全体を包んでいると中斎は言うのである。また、

口耳の虚より五臓方寸の虚に至るまで、皆是れ太虚の虚なり。而して太虚の霊は、尽《ことごと》く五臓方寸の虚に萃《あつ》まる。

とも言って、臓器の空洞にも着目している。確かに、口耳や臓器は、「虚」であるから十分な働きをするわけだ。そして、「太虚は世界を容《い》れ、世界は太虚に容れらる」とか、「聖人は即ち言ふこと有るの太虚、太虚は即ち言はざるの聖人」というような言い方を中斎は好む。どうやら中斎には、独特の身体観があるようだ。「太虚」は宇宙のエネルギーの根源であるが、それは人間の身体の器官の「虚」と通じていて、その中心が心臓の「虚」なのであろう。こういう感覚は、蕃山や一斎などには見えない。その「虚」は、何もないということではなく、何も塞ぎ妨げるものがないから、「太虚」のエネルギーが満ち満ちて

いるということである。

『論語』(先進篇)に、孔子が、側にいた四人の門人に各自の理想を語らせるという話がある。三人は、「国を治めて道を実現させる」とか「小国を治めて豊かにさせ、礼楽の専門家を招聘する」とか「宗廟の祭りや会同(諸侯の会合)の場でも礼儀正しく振舞いたい」などと答えたが、曾晳《そうせき》は、「春の終わり、春着もすっかり整い、何人かの若者をともなって、湯浴みをし、雨乞いの台で涼みをして、歌いながら帰りたい」と答えた。孔子は、自分も曾晳と同じ気持ちだと応じたという。これについて中斎は、

孔門の四子の志を言ふの意、曾晳は実行未《いま》だ至らずと雖も、而《しか》れども気象識見は倶《とも》に高し。早く既に聖人の心体の虚を窺ひ得たること、(中略)諸子の比に非ざるなり。

と論評している。曾晳は、それを自ら実現させることは出来ていないものの、聖人の「心」がどういうものかを知っているというわけだ。そしてここから、中斎の捉えるところの「聖人の心体の虚」を身に得た時の「気象」(精神的な風貌)がどういうものか、想像させられる。「心」のままに大らかで、何の気負いもない。そしてまた、この曾晳の願望には、「湯浴みをし」云々というように(『論語』の中ではめずらしく)身体的な快感という性格が強いことにも注意しなければならない。それは、身体の「虚」を通じて「太虚」との一体化を理想とした中斎の身体観と、どこか繋がっているのではないだろうか。

敬

鏡の比喩から始まって「虚」の思想まで、大きく見ればそこには共通の発想がある。それを敢えて要約すれば、自我や欲望によって縛られた自己から放たれたところに、あるべき本来の自分を見いだしたいという願いだった。それは、「こころ」の本源、本来の姿を探ることで、そこから現実の自己を乗り超える力を得ようという営みでもあった。角度を変えながら、もう少し、こういう営みを追ってみよう。

神話

ここからの散策は、少し足を伸ばして、「こころ」という主題を頭に置きながら、日本の神話がどのように読まれたのかという世界に入ってみたい。中国や朝鮮では、神話が思想的に持つ意義はそれほど大きくはなく、思想史の展開において、神話の解釈が問題になるというようなことはなかったように見受けられる。それは、中国や朝鮮では相対的に儒教の比重が大きく、儒教には「怪力乱神を語らず」（『論語』述而篇）、奇怪なこと・暴力的なこと・反倫理的なこと・神秘的なことを話題から遠ざけるという精神史的伝統が強かったからかもしれない。しかし日本では、『古事記』や『日本書紀』が伝える神々の世界をどう考えるのかという問題は、どの時代でも思想的に大きな主題となっていたのである。それは、天皇や朝廷の権威の在りかたが時代によって大きく変わりながらも（中世には深々と密教的な世界観に包まれていた）、その権威の由来が、『古事記』や『日本書紀』の神々の世界にあったからなのかもしれない。あるいは乱暴を承知で言えば、日本人の間では、倫理・宗教・政治のどの次元においても神々の世界が身近なものとしてあったから、つまり日本人が「怪力乱神」を好んだから、歴史を通じて、天皇が天皇でありえたのかもしれない。

「こころ」をどのようなものとして捉えるのかという問題も、神話をどう読み解くのかという次元と関わらないものではなかった。

『古事記』

天皇家が分裂して覇権を争った壬申の乱（六七二年）で勝利をおさめて、天武天皇（在位六七三〜六八六年）が即位した。言い伝えによれば、天武天皇は、当時の氏族たちの歴史伝承の誤りを正し、その正しい伝承を語り部である稗田阿礼《ひえだのあれ》に誦習《ずしゅう》（節をつけての暗誦）させた。天武天皇の死後、平城遷都（七一〇年）の翌年、元明天皇（在位七〇七～七一五年）が太安麻侶《おおのやすまろ》に命じてその内容を筆録させて、七一二（和銅五）年、『古事記』上中下三巻が完成した。まだカタカナも平仮名もなかったから、表記はすべて漢字によっている。

『古事記』上巻はいわゆる神話、中・下巻は神武天皇から推古天皇（在位五九二～六二八年）の時代までを扱う。上巻の冒頭は、「天地初発之時、於高天原成神名、天之御中主神、次高御産巣日神、次神産巣日神、此三柱神者、並独神成坐而隠身也」で始まる。さて、これをどう読んだらいいものか。稗田阿礼が、何と誦《とな》えていたのかは今となっては分かりようもない。冒頭の「天地初発之時」は、「天地初発《てんちしょはつ》の時《とき》」だったのか、「天地初《あめつちはじ》めて発《ひら》けし時《とき》」だったのか、あるいは「天地初《あめつちはじ》めて発《おこ》りし時《とき》」だったのか、確実な答はない。アメノミナカヌシノカミ・タカミムスヒノカミ・カミムスヒノカミはよいとしても、「独神成坐」や「隠身」についても、それをどう読むのかは、その内容の解釈と不可分の問題として色々な議論が今も続いている。ちなみに岩波文庫（倉野憲司）では、「天地《あめつち》初めて発《ひら》けし時、高天《たかま》の原に成れる神の名は、天之御中主《あめのみなかぬしの》神。次に高御産巣日《たかみむすひの》神。次に神産巣日《かみむすひの》神。この三柱《みはしら》の神は、みな独神《ひとりがみ》と成りまして、身《み》を隠《かく》したまひき」と読んでいる。

数年前、授業で学生と一緒に『古事記』上巻を通読した時、ドイツから留学していた大変に優秀な学生が、「隠身（身を隠す）」とは「死んだ」ということではないかと質問した。高貴な方の死は、「お隠れになる」と言うではないかというのである。そういう解釈もありえるかもしれないが、普通は、表舞台から一歩下がった所に身を引いて、歌舞伎で言えば黒子《くろこ》のような役割を果たしていくというように理解すると答えてその場は切り抜けたが、「天地初発」ともども「独神成坐而隠身」には、私にとってストンと腑に落ちないものが残ったままである。「身を隠す」ではなく、「隠身」は体言で、その後に登場するような身体を持って動き回る神ではなく、身体（形）を持たない神ということだという理解もある（折口信夫、大野晋など）。『古事記』を読む場合、今でも必ず参照される本居宣長の『古事記伝』は、これを「ミミヲカクシタマヒキ」と訓読している。その意味は、宣長によれば、「御身《ミミ》の隠《カク》りて、所見顕《ミエアラハ》れ給はぬ」ことであり、「御形《ミカタチ》体の無きを如此言《カクイフ》と心得るは、後世のなまさかしらなり」とある。身体を持たない神という理解は、宣長の時代にもあったが、宣長はそれを小賢しいものとして斥けたわけである。

『古事記』から八年遅れて完成した『日本書紀』は、全三十巻という大部なもので、天地開闢《かいびゃく》から持統天皇（在位六九〇～六九七年、夫であった天武天皇の後を継いだ）の時代までを扱い、国際的（東アジア的）にも通用する正規の漢文で書かれ、国家の認めた正式の歴史書として時代を通じて重んじられた。一方、『古事記』はそうではなかった。例えば、今は「国稚《わか》く浮きし脂《あぶら》の如《ごと》くして、海月《くらげ》なす漂へる時」と読む一節が「国稚如浮脂而、久羅下那州多陀用弊流之時」と表記されるように、『古事記』では、漢字の音だけを借りた表現などが平気で用いられる。かりに当時の中国や朝鮮の知識人が『古事記』を読むとして、少なくとも「久羅下那州多陀用弊流」は何のことやら見当もつかないだろう。それだけが理由ではないが、そもそも『古事記』を読むこと自体が難題だったのである。『万葉集』には、今でも万葉仮名の読み方が定まらない歌が幾つかあるようだが、同じような問題が『古事記』にはずっとあった。こう考えてみれば、宣長が三十数年を費やして『古事記伝』を完成して、その読みを、宣長なりに古語の用例を博捜《はくそう》して定めたということの偉大さがあらためて思われる。

スサノヲの物語

さて、「心」である。その『古事記』が神々の世界を描いた上巻で、「心」の在りようが焦点になる箇所は、明示的には一箇所である。イザナキ・イザナミが「国生み」をして列島が出来た。その後、石や土の神などを次々に生み、最後に火の神（カグッチ）を生んだことでイザナミは死んで、黄泉《よみ》の国（根《ね》の堅州国《かたすくに》）に行ってしまう。イザナミを追って黄泉の国に行ったイザナキは、蛆《うじ》のたかって変わり果てた妻の姿に驚き、地上に逃げ帰り、黄泉の国の「穢《けが》れ」を祓《はら》うために禊《みそぎ》をする。『古事記』の本文を引こう。

ここをもちて伊邪那伎大神《イザナキノオホカミ》の詔《の》りたまひしく、「吾《あ》はいなしこめしこめき穢《きたな》き国に到りてありけり。故《かれ》、吾は御身《みみ》の禊為《みそぎせ》む」とのりたまひて、竺紫《つくし》の日向《ひむか》の橘《たちばな》の小門《をど》の阿波《あは》岐《き》原に到りまして、禊ぎ祓ひたまひき。

神々は、自分の身体についても「御身」という敬語を使う。この禊で、イザナキが左目を洗った時にアマテラスが成り、右目を洗った時にツクヨミが、鼻を洗った時にスサノヲが成った。イザナキは、「三はしらの貴き子」を得たとして歓喜し、アマテラスには「高天原」（天上の神々の世界）を、ツクヨミには「夜の食国《おすくに》」（夜の世界）を、スサノヲには「海原」を治めるように命じた。しかし、スサノヲは立派な大人になっても、イザナミのいる国、母の国（黄泉の国）に行きたいという思いから激しく泣くばかりで地上世界は荒れすさんだ。

速須佐之男命《ハヤスサノヲノミコト》、命《よ》させし国を治《し》らさずて、八拳須《やつかひげ》心《むね》の前《さき》に至るまで、啼《な》きいさちき。その泣く状《さま》は、青山は枯山《からやま》の如く泣き枯らし、河海は悉《ことごと》に泣き乾《ほ》しき。ここをもちて悪しき神の音《こゑ》は、さ蠅《ばへ》如《な》す皆満ち、万《よろづ》の物の妖《わざはひ》悉に発《おこ》りき。

スサノヲは、『古事記』ではイザナキとイザナミが男女として交わったことで生まれたわけではないが（『日本書紀』本書では、イザナキとイザナミの子である）、イザナキとイザナミは夫婦だったから、スサノヲからしてイザナミは母に当たるということだろう。イザナキはスサノヲの様子を見て激しく怒り、スサノヲを追放してしまう。スサノヲは、姉であるアマテラスに事情を話してから黄泉の国に行こうとして、高天原に昇っていく。その時のスサノヲの勢いで、山川が激しく音を立てて揺れた。これを迎えるアマテラスは、

我《あ》が汝弟《なせ》の命《みこと》の上《のぼ》り来《く》る由《ゆゑ》は、必ず善き心ならじ。我が国を奪《うば》はむと欲《おも》ふにこそあれ。

と思い、スサノヲと戦うべく身支度をする。これに対してスサノヲは、

僕《あ》は邪《きたな》き心無し。

とも

異心《ことごころ》なし。

とも弁明する。アマテラスは、

然らば汝《いまし》の心の清く明《あか》きは何《いかに》して知らむ。

と問い詰めて、アマテラスとスサノヲは「誓《うけ》ひ」（占い）をすることになる。『古事記』上巻の中で、「心」が主題として前面に出てくる場面である。「誓ひ」によって、スサノヲの「物実《ものざね》」からは三柱の女神が、アマテラスの方からは五柱の男神が生まれた。具体的に言えば、スサノヲが腰に着けていた剣（これが物実）をアマテラスが嚙み砕いて吹き出した息から三女神が生まれ、アマテラスの髪に巻いてあった珠《たま》をスサノヲが嚙み砕いて吹き出

した息から五男神が生まれた。この結果によってスサノヲは、

我が心清く明《あか》し。故《かれ》、我が生める子は手弱女《たわやめ》を得つ。これによりて言《もう》さば、自《おのづか》ら我勝ちぬ。

と宣言して、自分の心の「清く明き」ことが証明されたものとして勝ち誇る。勝ち誇ったスサノヲは、「勝《かち》さびに、天照大御神の営田《つくだ》の畔《あ》を離《はな》ち、その溝《みぞ》を埋《うづ》め、またその大嘗《おほにへ》を聞《き》こしめす殿《との》に屎《くそ》まり散らしき」、調子に乗って勢いづき、散々な乱暴狼藉をしてしまう。天上世界の田畑を壊し、神聖な場所を糞で汚す。アマテラスは天《あま》の石屋戸《いはやと》に籠《こも》ってしまい、再び「万の妖《わざはひ》」が起こってしまう。この危機は天上の神々の知恵で切り抜けられるが、スサノヲは、

八百万《やほよろづ》の神共《とも》に議《はか》りて、速須佐之男命に千位《ちくら》の置戸《おきど》を負《おほ》せ、また鬚《ひげ》を切り、手足の爪も抜かしめて、神逐《かむや》らひ逐らひき。

とあるように、過料を科せられ身体刑を受けて（身体刑という解釈には異説もある）、高天原から追放されてしまう。追放されたスサノヲは出雲に降り立ち、「八俣大蛇《やまたのをろち》」を退治して「国つ神」の娘であるクシナダヒメを救い、クシナダヒメを妻に迎えて、新婚の宮殿を作る土地を求める。

吾此地《あれここ》に来て、我《あ》が御心すがすがし。

と心のすがすがしさを覚えた所に宮殿を立て、「八雲立つ　出雲八重垣　妻籠みに　八重垣作る　その八重垣を」という歌を詠み、多くの子孫をもうける。その六世の孫が、オホナムヂ（オホクニヌシ）である。

オホナムヂは、稲羽の素兎《しろうさぎ》の話にあるような優しい神だったが、兄弟たちに散々いじめられ、その母の指示で木国《きのくに》（紀伊の国）のオホヤビコのもとに逃れ、そこから根の国（黄泉の国）に赴く。オホヤビコは、こう言ったのだ。

　須佐能男命の坐《ま》します根《ね》の堅州国《かたすくに》に参向《まゐむか》ふべし。必ずその大神、議《はか》りたまひなむ。

スサノヲが必ず力になってくれると。スサノヲは、出雲から退いて、根の国（黄泉の国）の王者になっていた。根の国にやってきたオホナムヂを見たスサノヲの娘スセリビメは一目惚れをし、恋人を助けてスサノヲがオホナムヂに与えた幾つもの試練を乗り切らせる。こうして地上世界の王者となる資格を得たオホナムヂは、スセリビメと一緒にスサノヲの神物（大刀・弓矢・琴）を奪って地上に戻る。地下世界と地上の境界で、そのオホナムヂに遠く呼びかけて、スサノヲはこう言う。

　その汝《いまし》が持てる生大刀《いくたち》・生弓矢《いくゆみや》をもちて、汝が庶兄弟《ままあにおと》をば、坂の御尾《みを》に追い伏せ、また河の瀬に追ひ撥《はら》ひて、おれ大国主神《オホクニヌシ》となり、また宇都志国玉神《ウツシクニタマ》となりて、その我が女《むすめ》須世理毘売《スセリビメ》を嫡妻《むかひめ》として、宇迦《うか》の山の山本に、底《そこ》つ石根《いはね》に宮柱《みやばしら》ふとしり、高天の原に氷椽《ひぎ》たかしりて居れ。この奴《やつこ》。

ここでのスサノヲは、老成した地底世界の王者として、地上世界の王者としての資格を立派に備えるようになった自らの血を引く若者オホナムヂに、「我が娘を妻として、地上の王者として堂々と君臨せよ」と言祝《ことほ》いでいる。「おれ大国主神となり、また宇都志国玉神となりて」とは、お前こそが「国」の「主」、「国」の「玉（魂）」と名乗れ、それだけの押しも押されもしない器量なのだぞということである。「この奴」という言い方には、自分が与えた幾つもの試練を乗り切って、神物と娘を奪っていく若者への、期待と愛情と安心とが一つになって、スサノヲの万感が込められているようだ。『古事記』が描くスサノヲの劇的な物語は、こうして終わる。

スサノヲの多面性

『古事記』に登場する多くの神々の中で、スサノヲくらい面白い神はいないだろう。「八拳須」が胸まで伸びるほどの大人になっても死んだ母が恋しいと言って泣き騒ぐばかり、地上世界はめちゃめちゃになってしまい、父イザナキによって追放されてしまう。スサノヲは、母に抱かれたこともない。死んでしまった母から心理的に離れられない若者、こう言えば光源氏もそうかもしれないが、スサノヲは、母への思慕から女性遍歴を重ねた王朝の貴公子とは違って、ただ幼児のように泣きじゃくっていた。そしてスサノヲには、大変な暴力性が身に備わっていて、自分でも分からないうちに周りを破壊し、荒廃させて「妖」をもたらしてしまう。ここには、自分の行為がどういう結果を招いているのか、その事態に向き合う、つまり大人としての一人前の自己客観化がない。自分が何をしているのかが分かっていない。その未成熟は、甘さでもあるが、優しさでもあって、スサノヲは、追放される前に姉アマテラスに会って別れを告げようとする。しかし天上に昇る時にも思わず暴力性が爆発してしまい、その勢いのすさまじさから、姉は、スサノヲが昇ってくる動機を、天上世界を奪うためだと誤解する。姉弟の「誓ひ」によってスサノヲの潔白、「心の清く明き」は証明されることになるが、さらにスサノヲは勝ち誇って我を忘れ、天上世界を荒らして、また「妖」を誘発させる。母恋しさから暴れたスサノヲは、今度は有頂天のあまりに狼藉の限りを尽くすという有様である。アマテラスは天《あめ》の石屋戸《いはやと》に籠ってしまい、スサノヲは結局、神々によって天上世界から追放されてしまう。スサノヲは、父によって地上世界から追放され、神々によって天上世界からも追放される。しかし追放された後のスサノヲは、別人になったかのようだ。出雲の地に平和をもたらし、歌を詠み、多くの子孫を残し、さらに地下世界に君臨して、地上世界の王者たるべき若い者を鍛え、最後はその将来を言祝いで見送る。かつて秩序破壊を招いた暴力性は、出雲を脅かす怪物（ヤマタノヲロチ）を退治することに発揮され、地上の秩序を回復させた。そうして獲得された穏やかな心境は、歌を詠むという文化的な行為の中に表現される。日本の歌は、まさにこの「八雲立つ　出雲八重垣……」の神詠から始まるわけで、スサノヲの神詠は、『古今和歌集』や『新古今和歌集』の「仮名序」でも和歌の始まりとして回想されることになる。歌あってこその日本文学であることを思えば、スサノヲはまさしく文化的英雄でもある。

こうしてスサノヲの神格は、実に多面的であり、照明の当て方によってスサノヲは色々な顔を見せる。スサノヲの物語を、一人の男の成長・成熟の物語として読むことも可能かもしれない。こういう神は、日本の神話を通じて他には見当たらない。

中世のスサノヲ

中世に入って、精神世界全体にわたって密教の世界観が大きな影響を持つようになると、スサノヲは自由奔放に再解釈・再創造されて、地獄の閻魔《えんま》王とされたり、祇園社の祭神としての牛頭天王《ごずてんのう》、あるいは魔多羅神《まったらじん》（ともに異形の護法神）だとされたりする。そしてスサノヲは行疫神、つまり疫病を流行らせたり防いだりする不思議な霊力を持った神として畏怖されるようになるが、それは、『日本書紀』に収められた話に典拠がある。『日本書紀』の一書では、スサノヲが天上世界から追放されて地上に降りる途中、長雨に苦しんで宿を乞うても誰からも断られるという叙述がある。ここから話が広がって、中世の人々はこう信じた――スサノヲは、最後に二人の兄弟のところに辿り着く。裕福な弟はすげないが、貧しい兄の蘇民将来が宿を許したので、スサノヲは、弟一族を疫病で滅ぼし、蘇民将来の子孫には、「蘇民将来の子孫」だという札を貼り、茅《ち》の輪《わ》くぐりをすることで、疫病を免れる不思議な霊力を与えたのだと。祇園祭や各地の神社での茅の輪くぐりの行事は、この行疫神としてのスサノヲ信仰から始まっている。中世の人々によって懐かれたスサノヲ像の特徴は、まず畏《おそ》ろしい神としてのスサノヲであり、これを祭り上げることでその暴力性を鎮《しず》めてもらい、出来ればそのパワーを除災招福の側に分けてもらおうというものであった。

そして中世を代表する知識人は、スサノヲの中に、世界の明暗を読み込もうとする。疫病を流行らせるスサノヲは、またその疫病を治めるスサノヲでもある。暴れるスサノヲは、また和らぐスサノヲでもある。それは、「無明《むみょう》即法性《ほっしょう》、法性即無明」(一条兼良《かねよし》『日本書紀纂疏《さんそ》』)とか「善悪不二《ふに》」(吉田兼倶《かねとも》『神書聞塵』)などというように表現された。迷いと悟り、煩悩と菩提、善と悪は、単純に対立するのではない。そういう二元的な対立で物事を捉えようとすることが、そもそも迷いだということでもあるのだろう。迷いの中に悟りの契機があり、悟りの中にも迷いの種が潜んでいる、スサノヲの中に破壊神と英雄神という顔が二つながら混沌として備わっているように――中世の知識人は、このようにスサノヲを読み解いていたようだ。

朱子学の性善説

スサノヲが天上世界に昇ってくるのは「善き心」からではない、アマテラスはこう疑った。「善き心」の反対は「悪しき心」であろう。しかし『古事記』ではそうではなく、「邪《きたな》き心」がそれに当たる。原文「邪心」は、「邪《よこしま》な心」と読んでもよいようにも思われるが、宣長も含めて「邪《きたな》き心」と読むのが普通である。その「邪《きたな》き心」の反対は、「清く明き（心）」ということになる。ただし、『古事記』のこの場面が問題にしているのは、スサノヲがまず「異心《ことごころ》なし」と答えたように、政治的な反逆の気持ちの有無であるから、一般的に倫理的な「善」や「悪」を言っているわけではない。反逆の気持ちは「きたなし」と言われ、忠誠を尽くす気持ちが「きよし」「あかし」という言葉で言われるということに注意しておこう。

この問題を、江戸時代の思想史という舞台に載せてみよう。やはり朱子学から始めなければならない。朱子学が前面に掲げるのは「善」である。「善悪一如」というような発想は、朱子学では絶対に認めない。「善」はどこまでも「善」であり、「悪」とは対極にあるべきものである。朱子学の中で、もっとも抽象度の高い議論は『中庸』にあって、その冒頭には「天命之謂性、率性之謂道、修道之謂教」とある。これを読み下せば、

天の命《めい》ずるこれを性と謂《い》ひ、性に率《したが》ふこれを道と謂ひ、道を修《おさ》めるこれを教と謂ふ。

となる。

以下、先にも少し述べた内容と重なるが、大事な点なので改めて説明しておきたい。朱子学では、「善」なる「性」が「理」として万人に「天」から賦与されているのだから、自己の「心」に宿っている「性」を深く自覚して、それに忠実に従うことが人間らしい生き方なのだと説く。誰の「心」にも、生まれながらの持ち分（「性」）として、完璧な「善」は備わっている。それは「天」からの「命」（朱子は、「命令」のイメージで理解する）なのであって、逃れられない。私はそういう大層なものは要りません、お返ししますというわけにはいかない。では、なぜ「率ふ」という意志的な行為や、「修める」という目的を定めた努力が必要なのだろうか。「天」から賦与されているのなら、そして生まれながら完璧な「善」があるのなら、そのままで何もしなくともよいではないかということになりそうである。人間に、もし身体というものがなかったなら、そうかもしれない。しかし人間は身体的な存在である。身体的な存在である限り、そこに欲望が付きまとう。これを、朱子は「身の私欲」というように表現する。陰陽の二気、それが構成する木・火・土・金・

水の五行《ごぎょう》、さらにそれらが複雑に組み合わされて身体がある。気の凝集・循環でもって身体は成り立つが、その気にはどうしても偏りが伴う。気質のばらつきが避けられない。その身体をもって、人間は外なる世界と交渉して生きていく。そこに、限りない色々な欲望が生まれる。この欲望によって、「善」なる「性」が覆われてしまう、これが朱子学の捉える「悪」である。「善」と「悪」が同じレベルで対立しているのではなく、どこまでも「善」が本来の姿であり、それが、人間の身体性に由来する何ものかで覆われた状態が「悪」である。欲望が、身体的な存在としての人間にとって不可避であって、それが「善」なる「性」を覆うなら、それを払いのけなければならない。払いのける力は、どなたか（神や仏）の力を借りるのではない。どんなに覆われていても「性」が消えてなくなってしまったわけではないのだから、そこを足場に自力で踏ん張るのである。その時、過去の偉大なる聖人・賢人の残してくれたテキスト、例えば『論語』や『孟子』がその踏ん張りを支えてくれる。聖賢の言葉を学ぶことで、覆いを少しずつ剝がしていくのである。こうして、「天」から賦与された「善」なる「性」を十全に発揮させるように、人間は目的を定めた意志的な努力を重ねなければならない。つまり「道を修める」のである。

さて江戸時代の朱子学者は、スサノヲの物語をどう読んだのだろうか。まず言っておかなければならないのは、日本の神話について、荒唐無稽なもので真面目に論じるだけの価値のないものだという見方が一方にはあった。佐藤直方《なおかた》（山崎闇斎《あんさい》門の朱子学者、後述）などは、そういう立場であろう。また新井白石（木下順庵門の朱子学者）は、神話として残された物語は、古代の王権樹立をめぐる闘争の歴史を、勝者の側から遠い時間軸に仮託させた虚構だと見ていた。「神とは人也」（『古史通』）という白石の言葉はよく知られている。朱子学者ではないが、伊藤仁斎（後述）も、天地開闢の様子など誰が見ていたというのかと皮肉を言っている。「怪力乱神を語らず」の精神は、こういう形で生きている。しかし、そういう見方だけではなかった。神話を正面に据えて、中でもスサノヲに大きな関心を寄せた朱子学者もいたのだ。

闇斎のスサノヲ論

山崎闇斎は、一六一八（元和四）年に京都で生まれ、妙心寺で禅の修行をしたが、土佐の南学（禅僧である南村梅軒によって伝えられた朱子学。谷時中《じちゅう》・小倉三省《おぐらさんせい》・野中兼山《けんざん》らによって学ばれた）に触れて朱子学に目覚め、京都に戻り、「敬《けい》」（つつしみ）を前面に押し出した厳格な朱子学者として活躍した。三代将軍となった家光の異母弟であり、四代将軍家綱の後見役として幕政の中枢を担っていた保科正之に仕えた。岡山の池田光政、水戸の徳川光圀などと並ぶ名君として知られるこの会津藩主に招かれた闇斎は、その顧問役を務め、何度か江戸と会津に足を伸ばしている。闇斎は、正之の没後、五十歳代後半からは京都において思索・著作に専念し、一六八二（天和二）年に六五歳で亡くなった。その闇斎は、同時に神道や神話にも深い関心を寄せていて、スサノヲをめぐって面白い議論をしている。闇斎にとって、朱子学が普遍的な真理であることは、最後まで疑いようもなく明らかなことであった。その真理が、日本という限定された場で、神道や神話という姿をもって現れているのだから、朱子学の真髄を学習することで、神道や神話に素朴な姿で現れている真理に、思想的な形を与えてやることが出来るはずだと闇斎は信じていた。

闇斎によれば、スサノヲは「金気《きんき》」の突出した神である。先に述べたように、陰陽の二気は、木・火・土・金・水という五行となり、その五行の組合せで万物が成る。人の身体も、五行の組合せで成り立っている。そのバランスがうまく取れていれば、それは生来穏やかな人ということになるが、多くは偏りがあって、色々な気質の人々がいることになる。スサノヲは、その「金気」が極端に過剰なので、とくに荒々しい。

素戔嗚尊《スサノヲノミコト》ハ金徳ノ神ゾ。土カラ本ト生ジタゾ。ソレジヤニヨリテ、ヂット引シマッタ所カラ生レサセラレタニヨリテ、金気ノ徳デイカリヅヨイゾ。（『神代記垂加翁講義』）

「イカリヅヨイ」とは、スサノヲの暴力性を言うのであろう。まるで抜身の刀のようで、周りの者を傷つけてしまう。「金」は「土」から掘り出されるものだから、スサノヲは、

「土」の世界、つまり母のいる地底の世界（根の堅州国）に帰りたがった。地上世界を追放されたスサノヲは、姉に別れを言うために天上世界に行き、「誓《うけ》ひ」で反逆心のないことが証明できたとして、ここで、我を忘れて上《のぼ》せてしまい乱暴の限りを尽くす。闇斎は、単に乱暴を働いたというのではなく、スサノヲには「ワルイ御思召」つまり天上世界を奪ってやろうという反逆心さえ、ここで一度は萌《きざ》したのだろうとする。しかしスサノヲは、天上の神々によって罰を受けて追放されてしまい、出雲に降りて、今度は地上世界に秩序と文化をもたらす神として再生する。そして闇斎は、単にスサノヲの多面性を見るのではなく、改心・更生による立ち直りを見て取る。その上で闇斎が問題にするのは、なぜスサノヲが立ち直ったのかという点である。闇斎は、追放されたということ自体が実は「祓い」だったのだとする。「祓い」とは、自分の犯した罪、自分が受けた穢れ・災いをなくすために、事の度合いに応じて、神に物を差し出して、罪・穢れ・災いを流し去ることである。スサノヲは、追い払われたのであるが、それは「祓い」を受けたのである。この「祓い」によって、スサノヲは「身」も「心」も清らかなものとなったと闇斎は言う。やや分かりづらい文章であるが、闇斎はスサノヲが受けた「祓い」を、こう要約している。

金銀財宝ヲハラヒステテ、サシアゲテ身ノケガレヲサリ、手水ヲツカヒ湯行水ナドヲシテ身ヲキヨムルナドガ、皆身ノ祓ナリ。外清浄《げしょうじょう》ゾ。吾心ノ悪念妄想ノケガレヲスキトハラヒスツルガ心ノ祓ゾ。内清《ないしょうじょう》浄ゾ。（中略）心ノ祓ハ陽、身ノ祓ハ陰ゾ。二ツヲカネタガ祓ゾ。

スサノヲは「千位の置戸」に財物を積んで罪を贖《あがな》い、鬚や爪を抜かれた。そして闇斎の理解では、それだけではなく色々な手段でもって、身を清められた。そして、

外清浄ヲシテ身ヲキヨメレバ、自《おのずから》心モ清ナルゾ。内外一致ナリ。

とあるように、その「身」の清めによって、自然に「心」も清らかなものとなるのである。「吾心ノ悪念妄想ノケガレ」も消えた。スサノヲは、ここで初めて「清く明き心」を獲得したのである。生来の「金気」の過剰からくる荒々しさや、「ワルイ御思召」に引きずられる弱さは、ここで克服された。後は、英雄神としての活躍が出雲で待っている。

コレ素戔鳴尊ノ太神（アマテラス）ト、ツント一体ノ御徳義ニナラセラレタトコロナリ、（中略）ツント清浄ニアラセラレタゾ。

闇斎は、「祓い」によって獲得された清らかさを、「敬」（つつしみ）の徳を身に得た神格として捉えている。「土《つち》」と「金《かね》」がバランスよく調和すれば、「土」が引き締まってそこに「つつしみ」がもたらされるというのは、語呂合わせ、こじつけのようであるが、闇斎は真剣にそう考えている。ついでに言えば、語呂合わせだからといって軽んじてはいけない。『万葉集』以来、掛詞《かけことば》をはじめ、日本の文学にとって、とくに和歌の世界において、

言葉の音の重なりや連想は大事な要素だったし、そこに不思議な言葉の力を感じていたように思われる。閑話休題。スサノヲといういわば抜身の刀は、「根の国」（土）を治める王者として、鞘《さや》におさまった。闇斎は、スサノヲはここで「武徳」の神となったとも理解している。闇斎の神道説を学んだ玉木正英（一六七〇・寛文一〇年〜一七三六・元文元年）という神道家は、天上世界から追放されて長雨に苦しみながら出雲に降りるまでの苦労について、それは神々が「霖雨ヲ以テ天地及素尊（スサノヲ）ヲ祓ヒ清メ給フ也」（『神代巻藻《じんだいのまきも》塩草《しおぐさ》』）と捉えて、この「祓い」によって「荒金ノ暴悪ノ気象モ変化シ終《つい》ニ土金練熟シテ敬《つつし》ミノ神徳ニ帰シ」たのだと述べている。つまり闇斎とその門流は、スサノヲの中に、自分の「気象」（気質）の弱点を克服して、「敬」の徳をもって悪念を払いのけた、人間としてのあるべき像を見ているのである。気質の偏りを正して、天から与えられた道徳性に立ち返るという人間としてのあるべき像である。こうして闇斎の中では、朱子学の考える人間的な当為とスサノヲが合体する。人間は、身体的な存在であることで、自分の中の本来の善を覆ってしまい悪を招いてしまう――スサノヲが、「金気」の過剰という身体的な偏りによって暴力性を発揮するように。しかしそれに居直ってはいけないのであり、人間は学習し修養することで、本来の善を回復させなければならない――スサノヲが、神々から追放されることで、身体的な苦痛を味わい、その経験によって自らの気質の偏りを克服したように。「祓い」によって、「身」についた穢れを祓えば、自然に本来の美しい「心」が現れて、スサノヲ自身が思わず「我が御心すがすがし」と述べたような境地に至ることが出来るのである。

なるほど、朱子学者の目をもってスサノヲの物語を読めばこうなるのかとも思う。でも、待ってほしい。闇斎は、「祓い」によってもたらされるところの「すがすがし」さや「清らかさ」を「敬」に繫げて、それをもって朱子学の考える「善」だと言うのであろうが、それでよいのだろうか。〈善・悪〉と〈きれい・きたない〉が、いとも簡単に重なりすぎてはいないだろうか。それに朱子学なら、自分の力で学習や修養を積むことで、順を追って一歩一歩階段を上るようにして、「善」を回復していくことを説くのではないだろうか。「祓い」には、そういう過程がなさすぎるように思われる。気質の偏りを直すというのも、朱子学が考えるところは、もっと長い時間をかけての持続的・意志的なものであろう。いや、これはどこまでも神話なのだから、そこまで厳密に朱子学の教義と適合しなくてもよいのだという見方もあるだろうし、闇斎もそう考えたのかもしれない。

素直さ

もう少し、闇斎の出した問題を考えてみたい。「祓い」によって「身」の穢れを祓えば、悪念妄念も流されて、「心」の純真さが自然に現れるというのが闇斎の考え方だとすれば、そこでは、ある素直さ・純真さが前提にされていると思われる。つまり、自分の悪念妄念を意図的に隠して、とりあえず「身」の穢れを祓ってもらい、「身」がきれいになったのだから「心」もきれいになっているはずだと居直るような、まるで神を偽るような心意の持ち主を、闇斎は想定していない。あるいは神と取引をするような、つまり何かを祈願して、それが神の力で成就すれば、その見返りとしてお礼参りをするというような現世利益的な心意の持ち主も想定されていない。「祓い」を素直な気持ちで受けようとして頭を垂れる時——スサノヲは、神々による追放の処分（闇斎によれば祓い）に抗《あらが》うことをしなかった——、「祓い」そのものは「身」の次元に関わるもの（外清浄）であっても、混じり気のない素直な気持ちをもって頭を垂れるその時点で、既に「心」の清らかさ（内清浄）は実現しているのではないだろうか。スサノヲという神は、より高い何ものかの前で、その何ものかの正体を穿鑿《せんさく》するような気持ちもまったくなしに、ただ頭を垂れている。所作としてなされるのは、「陰」としての「身ノ祓」であっても、そこには見えないものとして「陽」としての「心ノ祓」が同時に進行しているのであり、「二ツヲカネタ」ものとしてあるのが本当の「祓い」なのである。そしてそれが成り立つのは、「祓い」を受ける側に、自分を超える何ものかに向かって謙虚に頭を垂れるという素直さ・純真さがあるからである。スサノヲは、生まれながらの悪神だったのではない。未成熟ではあるが、ある純真さを持っていた。未成熟であるから、「誓ひ」の結果に有頂天になって、一時的には反逆心さえ懐いてしまった。しかし、神々からの「祓い」を受けて、生来の純真さが真価を発揮して、その「祓い」に素直に向き合うことで、気質の偏り（暴力性）を克服した。

闇斎は、朱子学者として、徹底して朱子の残した言葉に即して朱子学を窮めようとした。後代に編まれた教科書的な朱子学文献（例えば『四書大全』、これは皇帝の命によって編纂されたもので、科挙の受験者にとっての教科書であった）による学習を嫌い、ある主題について考えるなら、それに関連して朱子の残した言葉を網羅的に検討し、その中の矛盾や振幅を考察し、どこに朱子の真意があるのかを見極めようとした。学習（窮理）とはそういうことだと闇斎は知り尽くしている。その徹底ぶりは、同時代から広く知られたところだった。その闇斎が、外的な行為としての「祓い」さえ受ければ「心」本来の姿が一挙に回復するなどと考えるはずがない。とすれば、闇斎がスサノヲを通じて言いたいことは、どういうことなのだろうか。

善とは何か、なぜそれが善なのか、こういう問題を突き詰めて考えるには、聖賢の書に就いて学び、自己の修養を持続的に重ねなければならない。自らの気質の偏りを正して聖賢に近づく、そのためには僅《わず》かの間断も許されない強い緊張に満ちた修養が求められる。

それは、聖賢ならざる人間にとっては、人生のすべての時間を費やしても到達できない課題であろう。「聖人学ンデ至ルベシ」とは言うが、現実にはそれは達成不可能な課題である。しかし、朱子学を信じる者は、その課題を背負って歩み続けるのである。では、何がそういう歩みを支えるのか。それはただ、自分を超えるもの——それは神道で言えば「神」、朱子学ならば「天」という言葉で指される何ものか、いわば見えざる権威——その前にあっては。理屈抜きに素直に頭を垂れるだけだという敬虔《けいけん》な気持ち以外にはない。その敬虔さがない者は、いくら書物を読んだところで、それを身につけて自己の変革（気質の偏りを正して、聖賢の気象に近づくこと）に結び付けることは望めない。朱子学の説く学びは、物知りになることではない。知識の修得を自己目的とするものではなく、どこまでも修養なのである。終わりのないそういう学習を支える必要条件としての素直な心を、闇斎は、スサノヲから読み取っていたのではないだろうか。

「心神」

闇斎と神話という点で、もう一つ、ぜひ取り上げたい問題がある。それは、『日本書紀』の伝える神話で、スサノヲの活躍に続く段で、オホナムヂが自らの「心神」に向き合ったという話である（『古事記』には見えない）。先にも述べたように、オホナムヂとはスサノヲが出雲でなした子孫の一人で、オホクニヌシノミコトの別名で知られた神である。天下が治まっているのは自分の力だと自負しているオホナムヂが海を見ていた時、海上から何か光るものが渡ってくる。そして、その不思議なものが、「如《も》し吾在らずは、汝《なんじ》何ぞ能《よ》く此の国を平《む》けましや。吾が在るに由りての故に、汝其の大きに造る績を建つことを得たり」と言ったのである。オホナムヂが、その正体を問うと、「吾は是汝が幸魂《さきみたま》奇魂《くしみたま》なり」と答えたという。これは、『日本書紀』の本書ではなく、異伝としての一書が伝える話であるが、闇斎は、これに非常な興味を持った。闇斎によれば、オホナムヂは慢心していた。そして、この不思議なものとは、心に宿る「心神」だったのだと闇斎は解釈する。つまりこれは、オホナムヂとオホナムヂの中の「心神」との対話なのである。

キツト吾身ニ心神ノヤドラセラレタトコロヲサトラセラレタ（中略）ソコデ自ラ御合点ナサレテ、コレコソ則是心神也トシラセラレタゾ。

オホナムヂは、天下を無事に治めているのは自分の功績だと思っていたが、不思議な光るものの正体を、自分の中に宿っている「心神」だと了解して、その「心神」の「如し吾在らずは」云々の言葉によってその慢心を思い知り、深く反省したのだと闇斎は読み解いている。

コノ心神ガ吾ニソナハリテアリテ、コレガスルトコロヨト心法ノ本源ヲサトラセラレタトコロゾ。

その反省によって、オホナムヂは「心法ノ本源」を悟ったのだと闇斎は言う。「心神」は、心の霊妙な作用を指す言葉として中国で古くから用いられていたが、日本では、中世の伊勢神道などで重要視された。闇斎の場合も、伊勢神道の影響が大きいものと思われる。同時に闇斎には、先のスサノヲ論でも見たように、自分を超える不思議な力、見えない権威の前に畏れをもって素直に頭を垂れるという、そういう意味での素直さを重んじるという面が強かった。そのような素直さが、現実の今の自分を超えて、より高い自己を実現させる力だとされたのである。ここでの「心神」も、自己の中にあって自己を超えたもの、そう理解することが可能であって、オホナムヂは、この「心神」の前に素直に頭を垂れたからこそ、「心法ノ本源」に到達しえたと闇斎は考えたのだろう。

理

江戸時代の思想史の骨格を支えるのは、朱子学である。幕府が朱子学を官学（公認の学）としたというような事実はないが、人間や社会をめぐって、理想と現実の双方を見据えていく思考の粘り強さ、考え抜かれた体系性といった点で、朱子学の重みは圧倒的だった。ここでは闇斎に続いて、その門人の議論を追ってみよう。

「心ナリノ理」

闇斎の門からは、儒教と神道それぞれの方面で個性的な人材が育った。儒教について言えば、傑出したのは浅見絅斎《けいさい》と佐藤直方である。

浅見絅斎（一六五二・承応元年〜一七一一・正徳元年）は、京都で闇斎について朱子学を学んだが、闇斎が神道にも深く傾斜した点でついに袂《たもと》を分かった。ただし、時がたつにつれて、神道に対する闇斎の態度にも理解を懐くようになったとも言われるが、絅斎は、世間で神道として認められているものや、闇斎の名を掲げて神秘的な神道説を押し出そうとするような動きには一貫して否定的で、朱子学の価値観に生きた。蕃山の思想などは、絅斎からすれば、朱子学を曲解して陽明学の口車に乗せられた軽薄なもので、そういう異端（後で紹介する仁斎もまた、絅斎からの批判の対象である）から正統としての朱子学を守らなければならない、様々な誤解を解いて朱子学の真価を明らかにしなければならない、こういう強烈な使命感を絅斎は持っていた。

闇斎のもとでの朱子学の学習は徹底したもので、その厳しさを伝える幾つかの逸話があるが、その一つにこうある。若い頃、絅斎は、勉強の無理がたたって血を吐いたことがあった。それでも闇斎は宿題を課す。門人が見かねて、元気になってからまた学問をさせればよいではないかと闇斎に言うと、闇斎は、それを拒絶して宿題を撤回せず、絅斎も宿題をやりとげた。後日、絅斎の健康が回復した時、闇斎は「死生は天命である、学問への志を挫《くじ》けさせないことが一番の大事だ」と言ったという（『先哲叢談』）。

絅斎は、蕃山や仁斎の思想をじっと見ながら、自らの朱子学を作り上げた。そして絅斎の目から見た時、蕃山と仁斎の思想は本質的に同じ欠陥を持つものとして映っていた。その欠陥は、事物の「理」を窮めるという姿勢がないという一点に集約される。「理」とは物事のあるべき筋目であり、朱子学では先に述べたように、自然・社会・歴史すべてにおいて事物には「理」が備わっていて、その「理」を探求することで、自分の「心」に天から賦与された「性」として内在する「理」の自覚に至ることを求めた。「理」の探求は、最終的には自らの「心」を正すことにおいて果たされる。それは、限られた人生の時間では達成しがたい遠い目標に思えるが、間断のない禁欲的な学習によって、一歩一歩その階梯を上り続けることが、朱子学に生きるということなのである。それは、今こうしてある自己を、あるべき本来の自己に近づけることである。そのためには、あるべき自己が何であるのかを、古典を通じて「理」を学ぶことによって、また万般の事物の「理」を探求することで求めていかなければならない。しかしそういう学習は、自己目的としてあるのではなく、我が「心」を正すこと、我が「身」を修めることに帰着しなければ本物とは言えない。それが、「理」を窮めるということである。ところが蕃山は、「理」が教条となってしまい、逆に人間を不自由にするというようなことを言い、仁斎は、「理」は事物に備わった条理ではあっても結局は「死物」であって、生き生きした人間相互の親和力ではないと主張している（後述）――これを絅斎は、朱子学の説く「理」に向けられた（異端からの）挑戦として受け止めた。同時に、この挑戦を受け止めるためには、ただ「理」を大切にせよと繰り返すだけではどうにもならないことを、絅斎はよく知っていた。絅斎の思索は、ここから始まる。

「愛」

絅斎は「愛」をめぐって、「絅斎先生仁義礼智筆記」の中でこう述べている。

（愛の理を）愛スルノ理屈ト云様ニ見ルト悪《わる》ヒ、唯愛ナリノ、人作デナイ、天理ヂヤト云コトデ、理屈ヅメニセヌガヨイ、（中略）カウ生抜テ、ホヤホヤトシタ、ニツト

リトシタ、シミ〴〵ナリノ生抜ノ仁ガ、直ニ親ニ向テ、親イトシヒトモナリ（後略）

なかなか読みづらい文体であるが、それは、これが絅斎の講義記録であって、そこには当時の俗語や口語がふんだんに盛り込まれているからである（闇斎の『神代記垂加翁講義』もそうだった）。闇斎やその門人たちは、朱子の言葉に即して朱子を学んだわけだが、そこから朱子の真意と思われるところを、積極的に自分たちの言葉で表現して、膨大な量の講義録を残した。本当に分かるということは、自分たちにもっとも身近な言葉でそれを表現できるということだという思いがあるのだろう（盤珪や鉄眼で見た仮名法語にも通じ合う姿勢である）。越後の新発田《しばた》藩は闇斎の学問が盛んだった地方の一つであるが、そこで残された講義録からは、新発田の方言を見つけることも出来るという。

絅斎に戻れば、ここで論じられているのは、「愛の理」と「愛」との関係である。朱子学は、「愛」の中にも「愛の理」を見いだそうとする。人間に天から賦与された「理」とは、具体的には「仁」をはじめとする人倫性であるが、それは「心」の奥深くに静かに潜んでいる。それが、外の対象、例えば親・兄弟などに向けられて動きとして現れるのが感情としての「愛」である。しかし――と朱子学は考える。「愛」は、ともすると逸脱する。「愛」は過剰になりがちだし、場合によれば、その過剰が反転して憎悪に変わることもある。だからこそ「愛」の中に「愛の理」を求めて、その状況・相手に相応《ふさわ》しい「愛」の形を実現しなければならないのだ、こう話を進めていくのが朱子学の模範解答であろう。その上で、絅斎の発言を見てみよう。まず「愛の理」を、「愛スルノ理屈」というように理解してはならないという。「理」は「理屈」ではないというのである。「理屈ヅメニセヌガヨイ」とも言われる。「理」とは要するに「理屈」だ、そういう通念が広くあったのだろう。「理」を好んで言う連中は、理屈っぽくてかなわないというような雰囲気は今でもあるし、当時も強かったに違いない。絅斎の押し出す「理」は、そうではなく、「カウ生抜テ、ホヤホヤトシタ、ニツトリトシタ、シミ〴〵ナリノ」ものなのである。そこで想像されるものは、何か身体の内から湧き出してくるような、生まれながらの暖かなものであろう。「仁」は、「心」の奥底に静かにあるものであるが、身体を通じて発動する生《なま》の感情と別にあるわけではない。それが「生抜ノ仁」であって、それが人間の「心」の中心なのである。機械的に動・静と分けられるようなものではない。「愛」は、「心」の最深部にある暖かなものが、何ものにも邪魔されずにストレートに具体的な対象に向かって姿を現したものであって、それこそが「愛の理」なのだと絅斎は言いたい。そして、それが典型的に現れるのは、子が親に向ける「愛」だと絅斎は捉えている。「愛」という時、私たちは、人類愛や真理への愛、芸術への愛、友愛と色々あるだろうが、まず男女の愛を連想するのではないだろうか。『論語』には「人を愛す」という表現が何回か見えるが、それはどうやら為政者が民衆を慈しむというような意味合いのようである。儒教全体については簡単には言えないが、絅斎にあって「愛」は、親子の愛、とくに子から親（父）への愛としてイメージされることが多い。余計な話だが、『万葉集』（巻五）の山上憶良の「瓜食《は》めば　子ども思ほゆ　栗食めば　まして偲《しの》はゆ　何処《いづく》より　来りしものそ　眼交《まなかひ》に　もとな懸《かか》りて　安眠《やすい》し　寝《な》さぬ」以来、親が子を愛するという形の方が、私たちには何かピンとくるものがあるように思うが、儒者である絅斎にとっては、子から親への愛が基本なのである。

絅斎は、「理」が人間にとって外側のものとされることを嫌う。

> 兎角《とかく》心ナリノ理ト云コトヲ合点セヨ。其心カラ指テシマツテ居レバ、モヒトツ理ガ斯《こう》スル筈ト云コトヲ持テコズ、自然ニ一身修而五倫明ナリ。今理ガ斯スル筈ジヤニ因テ、其理ヲ失フマイ為ニ、心ヲ持ト云コトナレバ、其ノ理ガ既ニ己ガ心ト離レテ別ニ成テアル。（「絅斎先生敬斎箴講義」）

「心ナリノ理」という言い方は、絅斎に独自のものかと思うが、その主張の趣旨をよく言い当てている。「理」は、「斯スル筈」、かくかくすべき筋道というようなイメージで捉えられがちであるが、そうではないというのである。「斯スル筈」は、「心」にとって外側にあるもので、それを基準に「心」をそれに従わせようとすれば、いつまでたっても「心」と「理」とは別々なものであることを止《や》めない。絅斎の考える「理」は、理ハドウアルヤラ、可レ為筈ヤラ、不レ為筈ヤラ、只吾ト吾身カラ、如何ニシテモ恐シイ、大事ジヤト、シミツキ、コタヱテ出レバ、置モ直サズ、其レガ理ノ至極、理カラ心ヲ持フト云コトハナラズ。

というようなものである。大胆な言い方ではあるが、「吾ト吾身カラ、（中略）シミツキ、コタヱテ出」たものが、直ちに「理」、それも「理ノ至極」だというわけである。ここでは「理」は「心」に対して外在するものなどではない。「理」でもって「心」を律するのではなく、内側から湧き出てくる暖かなものとしての「理」のままに生きることが説かれている。それが「心ナリノ理」なのである。

「忠」

人間は、身体をもって周囲の人々と関わりながら生きる。儒教では、父子・君臣・夫婦・兄弟・朋友という五つの関係をあらゆる人間の関わりの基盤として、それを「五倫」と呼んだ。朋友以外はいずれも上下の関係であり、朋友も含めて、そこに男性原理が貫かれていることは言うまでもない（男女間の友情などは想像もされない）。仁斎や徂徠には、「五倫」という範疇でもって人間の関係性や社会のすべてを捉えることは出来ないという思考があったと思われるが、朱子学の徒である絅斎にとっては、「五倫」こそが大事なのである。そして絅斎は、「心ナリノ理」に立てば「自然ニ一身修而五倫明ナリ」とする。「一身」とは、生理的な身体を指すのではなく、社会の中での個人としての振舞いというようなことである。つまり絅斎は、「心」の奥底から湧き出てくる暖かなものを「理」として、それに純粋であることが、人間の社会生活にとってもっとも大切なものだとする。そして、その暖かなものの起点を、子が父に懐く愛情や、臣下が主君に向ける忠誠心などに見ようとしている。主君に対しては、

真味真実、君ガイトフシフテナラヌト云ゥ至誠惻怛ノツキヌケタデナケレバ、忠デナイ。(「拘幽操師説」)

とされる通りである。しかし絅斎に言わせれば、その「心」の奥底から湧き出てくる暖かなものに純粋であることは、実は難しい。なぜなら、人間は身体をもっての人間であって、それゆえにありとあらゆる欲望が常にまとわりつく。絅斎はそれを、「私」とか「我《が》」と呼ぶ。この「私」や「我」を、「理」を窮めることで払いのけるのである。もっとも重要な学習は、古典や歴史を学んで、「孝」や「忠」に生きることがどういうことかを追体験することであり、老子や忠臣と同じ、内側から暖かく湧き出るものを自分の「心」に確認することだった。こういう学習を繰り返すことで、いざという場面で、うろたえたりせずに「心ナリノ理」そのままの行動がとれるというのである。

「静坐」

同じ闇斎門下でも、少し違った風景を楽しもう。佐藤直方（一六五〇・慶安三年〜一七一九・享保四年）は、絅斎の二歳年長で、絅斎と並び称された俊才である。直方は、

心、主宰ナケレバ妄動スル也、主宰アレバ静也。（「敬説筆記」）

というように、「心」が事物に搔《か》き回されることを嫌った。その直方が「心」の「主宰」を確立するために、つまり雑事で忙しい生身の人間にとって「心」があるべき主人となるために説いたのは、静坐である。静坐で何を得ようとするのか。直方に言わせれば、一切の思慮を断ち切って無の境地に至ろうとするのは坐禅であって、それは邪道であり、そもそも不可能を強いるものである。静坐は、文字通り静かに「心」を落ち着かせて、雑然とした思いや心の波立ちを消すことである。

静坐スレバ間雑思慮ヤミ、心湛然平明也、気質自《おのずから》変スベシ。（「静坐説筆記」）

それはまた、「心」の奥に備わっている「仁」、その発現としての「惻隠《そくいん》の情」が何ものにも邪魔されずに自然に発揮されるように「心」を養い整えておくことでもある。

世儒ハ学問ト云ヘバ書トノミ覚ヘテ仁ノ義ノト云ヘドモ、究理ノミナレバ理屈ニナッテ惻隠之発ナク、仁ノ気象ナク、（中略）主静存養スレバ自《おのずから》仁ノ気象トナリ、惻隠

ノ情事随《ことに》テ発スル也。

書物を読むだけでは「理屈」屋になってしまい、「仁ノ気象」を体得することは出来ない。「気象」とは、風貌や所作に滲《にじ》み出る人柄とでも言うべきものだろうか。静坐は、感情を殺してしまう坐禅と違って、

静ト云ヘドモ、静中有㆓知覚㆒、常ニ活シテ流行スル也、静中自《おのずから》動ヲ存ス。

とあるように、静坐においては、乱れのない本来の感情、例えば「惻隠の情」が生き生きと、伸び伸びと働いているのだと直方は説く。この静坐が学問の土台にあって、その上で「窮理」に努めていくのが本来の朱子学だと直方は繰り返して主張する。直方の好む言葉で言えば「主静存養」が根本なのである。

直方は、「主静存養」を四季のうちの冬のイメージで捉えている。春に芽生え、夏に生長し、秋に実をつけて、冬には枯れる。枯れたように見えるが、実はその冬の間に、春の芽生えに向けた力がひっそりと蓄えられる。

動静ト云内、静ガ主ゾ、（中略）アノ冬ノ何モナクジツトツマリタ処ガ春ヲ発散シタモノ也、（中略）敬ト云モノガジツトシヾマルモノ也、其ジツトスル処カラ万事出ル也。

（「太極図同図説同図解並後論講義」）

静坐で養うべき心は、「敬」（つつしみ）の心である。

寄り道を一つ。先に見た佐藤一斎もまた、静坐に深い思いを寄せていた。一斎は、「静坐の中に、接物の工夫を忘るることなき、即ちこれ敬なり。接物の時に、静坐の意思を失ふことなき、またこれ敬なり。唯《ただ》敬のみ動静を一串《いつかん》す」(『言志耋《てつ》録』)などという言葉を残している。坐禅と違って静坐は、外の世界との交渉(「接物」)を絶った次元でなされるものではないということが、ここの主眼である。そして、直方と同じように「敬」が言われるのも興味を引く。

では、静坐に対する直方の思いの底にあるものは何なのだろうか。

「カノ一理」

直方は、絅斎の説くような「理」は情に迎合するもので、規範としての「理」の超越性がなくなってしまうと見ている。物事はかくあるべしという筋目として、ある高みから現実を批判し矯正させる力がなければ、「理」が「理」でなくなってしまう。高みに立つことが、大切なのである。しかしともすれば、現実のしがらみや情実にまとわりつかれて、そういう「理」の規範性はぶれてしまう。絅斎の「理」も、直方から言わせれば、俗情に絡《から》めとられている。そのしがらみや情実を振り払うために、まず静坐が必要なのだろう。

直方は、日本の精神的な風土に対して、ある種の軽蔑、苛立ちのような気持ちを懐いていた。それは、万世一系の皇統への考えなしの賛美、現世利益を疑わない宗教意識、人を神に祭り上げて崇拝する感覚、兵学・兵法と儒教の癒着、そして物事の究極・根源に突き進むことをしない学者たち、こういったものへの嫌悪とでも言うべき思いである。

見所ナキ儒者ハ、条理分殊ノ方ハコ、ロヘテ、カノ一理ヲ知ラヌユヘ事物ニマトワレテ居ル。（「学談雑録」）

「一理」とは、個別の理の根底にある究極の理、「太極」の理のことである。性格が温厚だとか、物知りだというような評判で満足する程度の学者が多いとする直方は、「今時ノ学者ノ書ヲ読ムノハ、川ヲ隔テ、鎗《やり》ヲ合セル様ナモノナリ、踏込ンデ突キ殺ス意ハ少モ無シ」（「講㆔近思録為㆓諸生㆒記」）、また「五十年書ヲ読デモ俗知ヲハナレズ、グズ／＼トリチギニ孝悌忠信ヲツトムルト思フテ居ハ、アサマシキザマナリ」（「学談雑録」）と評し、

学者ハ自己ノ理ヲ信ズルデナケレバ本ノコトデハナイ、聖賢ヲ信ズルハヨイハ善イケレドモ、我理ヲ信ズルニハ及バヌ。（中略）我心ヨリ外ニ頼ミ力ニスルコトハナイ。

として、自己の「心」に天から賦与された「理」の根源を窮め、根源の「理」の立場から「事物」に絡めとられることなしに発言することを学者の使命とした。直方は、「自己ノ理」に全幅の信頼を置いて、これを「頼ミ力ニ」して、常識・通念・情実・しがらみ、何ものにも遠慮するなと言うのである。

武士の君臣関係は、「お家」大事で事なかれ主義になったり、臣下の側の無条件の忠誠が一方的に要求されたりした。在地との繋がりを切られた武士は、帰るべき領地を持たないから、自分を押し殺して奉公をしなければならなかったのである。儒教の原則では、父子の関係は「天合」、切っても切れないものであるが、君臣は「義合」、義理を介しての関係で、義理が合わなければ臣下は去るべきものとされた。孔子も孟子も、現実の君臣関係を動かせない宿命的なものとはせずに、理想の君主を求めて旅を続けたとされる。これを、幕末の吉田松陰が「孔孟、生国を離れて他国に事へ給ふこと済まぬことなり」(『講孟箚《こうもうさつ》記《き》』)、自分の生国を見限るなど許されるものではないと批判したことはよく知られているが、少なくとも儒教の考え方からすれば、君臣は「義合」とするのが原則であった。ただし、江戸時代の日本では、その原則通りに事が進むべき社会的条件がなかったということである。「帰りなむ、いざ」と思っても、在地との繋がりを切られた普通の武士には帰るべき領地などなかった。そういう中でも直方は、

君ト云モノハ、(中略)イトマヲトレバ他人ナリ。(中略)事ヘテ義理ニ合ヌコトアッテ不レ得レ已《やむをえず》主君ヲ取《タテマエ》カユルコトハ、君子モスルコト。(「忠孝不二両全一弁」)

と言う。これを、ただ原則を述べただけのこととするか、考え方の原則を示すことで精神的な自由を確保しようとしたものとするか、私は後者を採るが、解釈は分かれるかもしれ

ない。
もう一つ、直方でどうしても紹介しておかなければならないのは、

理ト云モノヲ法カラクズスコトハナラヌ、（中略）以レ法破レ理ハ、権謀者ドモガ我マ、セフトテノコト也。（「論語　為二唐津侯土井利実一講」）

である。幕府は、武家諸法度で「法」が「理」に優先するという立場を明らかにしていた。幕府の定めた「法」が絶対であって、「理」の立場からこれに口出しすることは許さないということである。直方は、ここで「理」の規範性を敢然と主張している。「法」至上主義は、「権謀者ドモ」の思惑によるもので、けっして認めるわけにはいかないと直方は言う。ここまで言った儒者は、江戸時代を通じて直方ただ一人であろう。そもそも政治は何のためにあるのか、そこを（高みに立って、あるいは原点に戻って）考えることが大事なのであって、幕府のお定めを墨守するのが政治ではないというわけである。
「主宰」としての「心」を確立して、人間関係のしがらみや錯綜する思惑や何やかやを払い除《の》けて、「事物ニマトワレ」ることなく何が本質かを静かに見極めよ、こう直方は言っている。

二、「こころ」を養う

芸道の世界や生活の場に照明を当てながら、「こころ」の思想史を散策してみよう。思弁的な世界での「こころ」の景色とは違った風景が、きっと見えてくるだろう。身体的な訓練や習い事、生活の中での倫理的・宗教的な実践、それらを通じて「こころ」を養い、鍛え、磨き上げていくという文化の意味を考えたい。

自由

「自由」という言葉は、今日では、外からの束縛や規制を受けない状態を指して用いられる。しかし江戸時代の武芸の世界では、禅の伝統を踏まえて、もう少し違った意味を担っている。まずは、そのあたりから入っていこう。

芸道

「芸道」という言葉は、手近な辞書を引くと、室町時代の能役者・能作者であった世阿弥が、『花鏡《かきょう》』という能楽書の中で初めて用いたということである。江戸時代になると、室町時代に起こった茶・花・香などの遊びが洗練され、また大衆化して、幾つもの芸道の書が著された。さらに武芸（剣術）や義太夫・歌舞伎といった分野でも、芸道の書といってよいものが、それぞれの分野の達人・名人によって残されている。剣術書としての宮本武蔵の『五輪書《ごりんのしょ》』は、とくに有名であろう。こういう芸道の書において、「こころ」がどのように論じられているのかを見ていこう。

当然のことであるが、芸の道は理屈ではない。それは、具体的・身体的な稽古の積み重ねによって何かを会得していく世界である。『南方録』といえば、千利休の教えを伝えるとされた茶書で、今日に至るまで茶道でもっとも重んじられる古典であるが、その中にこういう一段がある。ある人が、茶道の「極意」を尋ねた。これに対して利休は、「夏はいかにも涼しきやうに、冬はいかにもあたゝかなるやうに、炭は湯のわくやうに、茶は服(呑み具合)のよきやうに、これにて秘事はすみ候」と答えた。質問した者が、それくらい誰でも合点していると不満を述べると、利休は、「さあらば右の心にかなふやうにして御覧ぜよ。宗易(利休)客にまいり御弟子になるべし」、ではそのようにやってごらんなさい、それが出来たなら私の方から弟子入りしましょうと言ったというのである。「夏はいかにも涼しきやうに、……」に尽きるという利休の茶の境位の深さに打たれる話であるが、私たちは、この質問者を簡単に笑うわけにはいかないのかもしれない。質問者は、何か気の利いた説明を与えられるべき「極意」があると思っている。同じような所作を限りなく繰り返す中で体得される何ものかを、その世界の外にいる私たちは、言葉によって頭の中で理解することしか出来ないからである。

私の好きな落語の世界に置き換える。小さん(五代目柳家小さん、二〇〇二年没)が先代からの教えとして、狸を演じる時には「狸の了見《りょうけん》になれ」と弟子たちに言っていたという。私は、ああそういうものかとしか分からない。せいぜい「了見」という、今では聞くこともなくなった言葉を面白く思うくらいである。しかし、小さんの弟子として稽古する側だったら、面くらい、狸ならざる身として一体何をどうすれば「狸の了見になれ」るものか、泣きたいくらいに苦しむだろうし、そういうことを言う師匠を恨めしく思うかもしれない。しかし、何回も稽古して高座《こうざ》にかけ、客の反応を見ながら噺《はなし》を自分のものにしていくうちに、アアと気づくことがあるのかもしれない。少しは「狸の了見になれ」たのかなと実感されることがあるのかもしれない。そういう経験を通じて、初めて本当に分かるということが得られるのだろう。本当に分かるとは一体どういうことなのか、考えさせられるではないか。

身体を通じたワザの稽古・修行という経験の厚みによってもたらされた得がたい境地、人間的な魅力や深み、そういうものは芸の道だけではなく、職人の世界でも重んじられてきたように思われる。職人気質《かたぎ》という言葉があるが、黙々と一つの事に打ち込み、仕事の上でけっしてゴマカシをしない、かりにゴマカシたとしても当人以外には誰も分からないだろうが、それでもお天道様《てんとう》が見ているからゴマカスことを潔しとしない、そういう人生を送った人だけが持つ味わい（聖賢の気象などと言う時の「気象」だろうか）を、地位や身分とは別にして尊重する気風が、かつては確かにあった。

『五輪書』

『五輪書』はもっとも有名な兵法書であり、宮本武蔵が死の直前に弟子に伝えたものだと言われるが、その成立については疑問も残るという。「五輪」とは、仏教でいう「五大」、つまり万物の構成要素である地・水・火・風・空を指していて、『五輪書』は「地之巻」「水之巻」というように五つの巻から成っている。宮本武蔵(一五八四・天正一二年〜一六四五・正保二年)は、江戸時代初期の剣豪であり、二刀流を作ったことで知られている。佐々木小次郎との巌流島の決闘をはじめ、生涯六六回の試合をして、一度も敗れなかったという。ただし、小次郎との決闘にわざと遅れて相手をジラせたというのは、どうもフィクションらしい。晩年には、熊本藩主である細川忠利に客分《きやくぶん》として仕え、水墨画にも優れた才能を発揮し、「枯木鳴鵙図《こぼくめいげきず》」を代表作とする。

その『五輪書』では「兵法心持の事」として、

兵法の道におゐて、心の持ちやうは、常の心に替る事なかれ。常にも、兵法の時にも、少しもかはらずして、心を広く直《すぐ》にして、きつくひつぱらず、少もたるまず、心のかたよらぬやうに、心をまん中におきて、心を静《しずか》にゆるがせて、其《その》ゆるぎのせつなも、ゆるぎやまぬやうに、能々《よくよく》吟味すべし。

と語り出している。「きつくひつぱらず」は緊張しないことであり、「たるまず」は弛緩しないことであろう。「心」は、緊張してもいけないし、弛緩してもいけない。「心を静にゆるがせて」は、「心」を揺るがせる、つまり固定・固着させないで、たゆたった状態にさせておく、しかも静かにゆったりと、途切れることなく柔らかに揺るがせていよと武蔵は言う。何かに「心」が囚われて、そこに止まってはいけない。常に、瞬時の間断もなく、「心を静にゆるがせて」おくのである。武蔵は、こう続ける。

静かなる時も心は静かならず、何とはやき時も心は少しもはやからず、心は体につれず、体は心につれず、心に用心して、身には用心をせず、心のたらぬ事なくして、心を少しもあまらせず、うへの心はよはくとも、そこの心をつよく、心を人に見わけられざるやうにして、（後略）

ここで武蔵は、周囲の状況や身体の具合に引きずられたり、べったりと染まってしまうのではなく、まして寄りかかることなく、「心」というものを「つよく」構えて、心の奥底を他者に見透かされないように据えるべきだと述べている。武蔵が、身心は一体だ、身心一如だというのではなく、心は身に引きずられず、身もまた心に引きずられない、そして「心に用心して、身には用心をせず」と述べているのは興味深い。武蔵は「心の内にごらず、広くして、ひろき所へ智恵を置《おく》べきなり。智恵も心もひたとみがく事専《せん》也」とも述べている。真の兵法者は、兵法のことにしか関心がないというようなものであってはならず、広い世界について「智恵」と「心」を磨くことが必要だとする。

『五輪書』では、こうも言う。

道理を得ては道理をはなれ、兵法の道に、おのれと（自然と）自由ありて、おのれと奇特を得、（中略）是みな空の道也。

あるいは「太刀の道を覚えて惣体自由《そうたいやわらか》になり」などとも言われる。この「自由」は、心のままに自在であるという意味であろう。「道理」は尊重するが、そこに縛られない。そういう境地を、武蔵は「空」として捉え、そこに至って、身心の「自由」を得ることができるとした。その「自由」が「やわらか」と読まれているのは、何ものにも囚われない、固着しない身心の在りようを見事に伝えている。その柔らかさは、一面では「心」の囚われのなさであり、また一面では、内に力を秘めた身体の柔らかさでもあるのだろう。

この後で武蔵は、兵法者の姿勢・目つき・太刀の持ちよう・足づかいというように、具体的な作法を説いていくわけであるが、それらについては省略せざるをえない。ただ、太刀の持ちようについて、親指と人差し指を「浮《うく》る心」に持ち、中指は「しめずゆるまず」、薬指と小指を「しむる心」で持てと指示して、「惣而《そうじて》、太刀にても、手にても、いつく（居著く）とゆふ事をきらふ。いつくは、しぬる手也」として、手でもって太刀を握る場合でも、固着して余裕のない状態、緊張して力が入ったり、また萎縮してしまったりをよくないものとしている。ここに、「心を広く直にして、きつくひつぱらず、少もたるまず」と通じるものを見ることが出来るだろう。

『兵法家伝書』

柳生宗矩《やぎゅうむねのり》（一五七一・元亀二年〜一六四六・正保三年）は、武蔵の一三歳年長、ほぼ同時代を生きた兵法家で、新陰流《しんかげ》の達人である。関ヶ原の戦いで家康に従い、その戦功によって但馬守《たじまのかみ》として一万二千石を領した。秀忠・家光に兵法師範として新陰流を伝授し、諸大名の監察にもあたった。その宗矩が、新陰流の奥義《おうぎ》を説明するために著したのが『兵法家伝書』である。この時、宗矩は六二歳。

宗矩の考える兵法は、常識的に言う兵法よりもスケールが大きい。

両陣たがひに張て、戦場に出て勝負を決するは云《いう》に不及《およばず》、大将たる人は、方寸の胸のうちに両陣を張て、大軍をひきひて合戦して見る、是《これ》心にある兵法也。治れる時乱をわすれざる、是兵法也。国の機を見て、みだれむ事をしり、いまだみだれざるに治る、是又兵法也。

無謀な戦いを仕掛けたりするのは、「大将たる人」のすることではない。「機」は、しかけ・からくりがまさに動き出すその瞬間のこと。「乱」の兆《きざ》しを誰よりも早く察知して、国が乱れないうちに手を打つのが「大将たる人」の本務なのである。「大将たる人」は、精神主義者では務まらず、敵・味方の戦力を冷静に比較する能力を備える者であって、政治的な洞察力、社会的な想像力を持つことが必須なのである。

一人の武人としては、何が大事なのだろうか。武蔵が「智恵」を言ったように、宗矩もまた「知を尽くす」ということを力説している。

理をしらざれば、何事もならざる物也。万の事はしらざる故に不審あり。うたがはしき故に、その事が胸をのかざる也。道理があきらかにすめば、胸に何もなくなる也。（中略）胸に何もなく也《なり》たれば、よろづの事が仕《し》よく成者也。

不審や疑念があってそれが胸に塞《ふさ》がっていては、何事もうまくいかない。「胸に何もなくなる」ことが理想なのである。「よろづの道を学ぶは、胸にある物をはらひつくさむ為也」とも宗矩は述べている。宗矩によれば、剣の道についても同じである。「百手《ももて》の太刀をならひつくし、身がまへ、目付《めつけ》、ありとあらゆる習《ならい》を能々ならひつくして稽古する」のは何のためかと言えば、

様々の習をつくして、習稽古の修行、功つもりぬれば、手足身に所作はありて心にな

くなり、習をはなれて習にたがはず、何事もするわざ自由也。此時は、わが心いづくにありともしれず、天魔外道《てんまげどう》もわが心をうかゞひ得ざる也。此位にいたらん為の習也。

と述べられるように、「自由」の境地に立つためである。稽古が重ねられれば、身体的な型が身について、「心」の中でこうしよう、ああしようと思うことがなくなっていく。

意識的な動きではなく、何を思うわけでもなく自然に身体が反応するということが、「手足身に所作はありて心になくなり」であろう。型（形）を習いそれを完全に修得して、型に囚われない、しかし型から離れるのでもない、そういう次元が「習をはなれて習にたがはず」であろう。そういう境地に達した「心」は、言葉で形容しえない霊妙不思議なものであって、「此時は、わが心いづくにありともしれず」としか言いようがない。

身と心について、宗矩の言葉を拾ってみる。

心をば待《たい》に、身をば懸《けん》にすべし。

「待」とは、敵が仕掛けてくるのを待つこと、「懸」は、勢いこんで相手に先んじて打ち込むことである。武蔵にも同じ発想があったが、身と心は、あるバランスをもって逆の位置にあることをよしとするのである。身は、勢いこんで相手に先んじて打ち込むが、心は、相手の一撃を待ってそれを受け止める方に働かせる。宗矩は、

又の儀には、心を懸にして、太刀をば待にして、人に先をさするの心也。

とも言う。前の言い方と「待」「懸」が反対であるが、宗矩によれば「極《きわま》る所は同《おなじ》心《こころ》也」とされる。「懸待を内外にかけてすべし」とあるように、内と外（心と身）とを、動と静、あるいは静と動に掛け合いに保つことが大事であって、「内外ともにうごけば、みだるゝ也」とされる。その上で、やはり武蔵と同じように、「何事も心の一すじにとゞまりたるを病とする也」「心が一所に着しとゞまれば、見る所を見はづし、思外《おもいのほか》に負を取也」というように、「心」が何かに固着することを嫌う。

もう一つ、

> 弓射《い》る時に弓射《いる》とおもふ心あらば、弓前《ゆみさき》みだれて不レ可レ定。（中略）弓射る人は、弓射る心をわすれて、何事もせざる時の常の心にて弓を射ば、弓定るべし。

とも述べられている。これもまた、武蔵が「兵法の道におゐて、心の持やうは、常の心に替る事なかれ」と説いたことを想起させる。さあ弓を射るぞ、的に当てるぞという思いが、「心の一すじにとゞまりたる」ということなのであろう。「常の心」を宗矩は、「平常心是《へいじょうしんこれ》道《みち》」という禅語に重ねたり、「常の心にて無心に見る」「常の心を無心とは云なり」などとも言う。

『天狗芸術論』

『五輪書』や『兵法家伝書』では、心が何ものにも固着せず「自由」であることが理想とされた。この「自由」は、精神史としては、禅に由来するものであろう。武蔵や宗矩と同時代を生きた禅僧である鈴木正三（出家前は三河武士、「仏法則世法」として世俗生活の中で禅の教えを生かすことを説いた）は、「心こそ　心まどはす　心なれ　心に心　こゝろゆるすな」（『万民徳用』）という歌を紹介しているが、「己が心に勝得時は、万事に勝て物の上と成て自由なり」と述べている。この「自由」もまた、同じであろう。

茶道はその典型であるが、この時代の芸道論が、禅の世界と深く結び付いていることは言うまでもない。しかし、これから紹介する『天狗芸術論』（一七二九・享保一四年刊）という剣術の書は、朱子学の理気論に立脚している点で、実にユニークなものである。東アジア世界を通じて、朱子学の理論がこういう芸事（武芸）と結合したという例は珍しいだろう。そもそも中国や朝鮮の誇り高い知識人は、手足を使って何かを生み出したり、身体的な訓練によって何かを会得したりということに価値を置かなかったように思える（琉球の知識人はどうだったのだろうか）。

『天狗芸術論』を著したのは、佚斎樗山（一六五九・万治二年〜一七四一・寛保元年）という談義本作家で、本名は丹羽《にわ》十郎右衛門忠明、文武両道に通じた立派な武士だったとされる。談義本とは、道理や教訓を込めた滑稽味を持つ読み物で、江戸時代中期に流行した。

「芸術」は、武芸・武術という意味であろう。『天狗芸術論』は、剣術者が、夢の中で「芸術」をめぐる天狗たちの問答を聞くという、いかにも読み物らしい構成をとっている点で、『五輪書』や『兵法家伝書』のようなストレートな指南書ではないし、実践的・技術的な話にはあまり及ばないなどの欠落がある。しかし、武蔵や宗矩《むねのり》のような戦乱の時代をくぐった剣術が、百年近くたった泰平の世の中でどのように語られていくのかを覗いてみるという意味でも、そこには興味深いものがある。

さっそく、その内容を見てみよう。書き出しは、こうである。

人は動物なり。善に動かざる時は必ず不善にうごく。此念此《このここ》に生ぜざれば彼念《かの》かしこに生ず。種々転変して止まざるものは人の心なり。吾が心体《しんたい》を悟つて直《じき》に自性《じしょう》の天則《てんそく》にしたがふことは、心術に志《こころざし》深く学の熟せるにあらずんばあたはざる所なり。

「人の心」は、現象としては不断に動いている。そういう中にあって、「吾が心体」、心の根本をフラフラさせずに「天」の法則に適ったように保つことは、深く「心術」を学んだ者でなければ出来ないというのである。

剣術は心体自然の応用にして、往《ゆ》くに形なく来るに跡《あと》なし。形あり相あるものは自然の妙用にあらず。僅かに念にわたるときは、気に形あり、敵其《その》形ある所を打つ。心頭ものなきときは、気和して平らかなり。気和して平らかなる時は、活達流行して定まる形なく、剛《ごう》を用ひずして自然に剛なり。心は明鏡止水のごとし。意念わづかに心頭に横たはる時は、霊明之《これ》がために塞がれて自在をなすことあたはず。

「心体」を「天」に適うように保つこと、これが一大事であり、その「応用」(働き)として剣術があるというのである。警戒すべきは、「意念」がひっかかって、「心体」の霊妙な働きが滞《とどこお》ることである。「意念」に邪魔されると、そこに不自然な力《りき》み・こわばりが生まれ、そこを敵に打ち込まれる。「気」を、穏やかで柔らかで平らかな状態に保つ、そうすれば「心」は、それが本来「天」から与えられたままの霊妙さを発揮するだろう、こう樗山は言う。別なところでは、「一念わづかに執《しゅう》する所あれば、即ち私心なり。少しく執すれば少しく心体をふさぎ、大いに執すれば大いに心体をふさぐ」とも述べている。「私心」は、さらに別のところでは「妄心」や「情欲心」とも言い換えられる。執着心は「心体」をふらつかせ、その霊妙な働きを妨げてしまう。『五輪書』や『兵法家伝書』なら「自由」と言うべきところを、『天狗芸術論』は「自在」と表現している。「自在」は『天狗芸術論』にはよく出てくるが、「自由」という言葉は見えない。禅の色合いの強いと思われる「自由」を意識的に避けたのではないかと思うが、確かなことは分からない。それはともかく、こういう「自在」の境位に達するには、「気を以て事《わざ》を修し、心を以て気を修する」こと、長い時間をかけたその修行が必要である。それは「心体の感通」としか言いようのないものであり、「自修の功積みて自然に得る」べきものである。

「心」と「気」の関係について、樗山は

> 夫《それ》心を載せて形を御《ぎょ》するものは気なり。故に一身の用は全く気是《これ》を掌《つかさど》る。気の霊、是を心といふ。天理を具《そな》へて此気に主たるものなり。心体もと形声色臭なし。気に乗じて用をなすものなり。

と述べている。「形」、つまり身体を構成するものは「気」である。陰陽二気が絶妙に組み合わされ、凝集し、循環し、バランスをとって身体が成り立つ。その身体でもって、剣術を修得する。「心」は、その「気」と別にあるのではなく、その「気」のもっとも純粋で霊活な部分こそが「心」なのである。その「心」には、「天」から賦与された「理」が内在していて、「気」の動きを統括している。こういう具合に樗山は考えていて、この考え方は、朱子学に沿ったものである。「心」が一身の「主」だとはよく言われるが、それはけっして「気」や身体と別なところに「心」があって、独立した「心」が一身を遠隔操作しているというようなイメージではない、この点は注意しなければならない。

「煩悩即菩提」

談義本ついでに、脇道に入ってみる。増穂残口《ますほざんこう》（一六五五・明暦元年〜一七四二・寛保二年）は豊後《ぶんご》国臼杵《うすき》の出身で、講釈によって神道を広めたことで知られている。残口は、かつては江戸で僧侶をしていたこともあるので、仏教にも通じていた。仏教や儒教も取り込みながら、「恋は誠に叶ふ事の第一なり、疎《おろそ》かに思ふ事なかれ」というように恋を大胆に肯定しながら、男女の和合に、神道の教え、日本の国ぶりの核心を見ようとした。その残口に、『艶道通鑑《えんどうつがん》』という談義本がある。色里での作法や習慣などを身につけることを「色道」というが、「艶道」はそこから来たものであろう。「通鑑」は、北宋の司馬光が著した歴史書である『資治《しじ》通鑑』に由来していて、日本では林羅山・鵞峰《がほう》父子に『本朝通鑑』という著作がある。ここでは「艶道」に関して古今の主だった話を集めて紹介し、それらについての論評を下すというような意味だろう。東アジア世界では、歴史家の仕事は、過去の事実を正確に確定し、その上で歴史的視野からの評価を定めることだとされてきた。『艶道通鑑』は「神祇之恋」で始まり「釈教之恋」に続き、その後、様々な恋を綴っていく。つまり神々の恋、僧侶の恋、俗世間の恋模様という配列をとっている。その「釈教之恋」の中に、一遍《いっぺん》の話が収められている。一遍は、時宗の開祖で、踊り念仏を広めた鎌倉時代中期の僧である。神祇信仰にも篤く、全国を歩き、その遊行や踊り念仏の様子が絵巻物に描かれていることでも知られている。ただ、『艶道通鑑』に登場する一遍は、そういう一遍ではない。一遍がまだ出家前、武士として河野氏を名乗っていた頃である。一遍は、家も豊かで、弓馬の道にも長じ、何よりハンサムでおしゃれだった。「その生れ付き艶《つや》、にして、衣服に清らを尽くし、其世の風流男《だて》と人の羨《うらや》むほどなれば、自《おの》づと色に染む心強く」と描かれる通りである。春の花見に出ても、目は花よりも行きかう女たちの容姿にばかりいき、あれこれ品定めに余念がない。しかしどの女にも必ずどこか欠点があり、一遍の気に入る女には出会うことがない。その一遍が、都に出て北野天神社の近くで、一人の女をみそめる。「梅が香の桜に匂ひて、遠山の黛・芙蓉の唇、貴妃が笑ひ・西施《せいし》が顰《ひそめ》、何処に栈道（欠点）なければ」というような完璧な美人である。一遍は、この女を国に連れ帰る。ところが、しばらくして一遍はまた都に上り、「昔に劣らぬ色人（美人）」を連れ帰ってきたのである。最初の女は、嫉妬する様子もなく一遍にまめまめしく仕え、後の女も驕《おご》ることなく、二人は同じように一遍にかしずいている。さて一遍は、「心を二つに分ざれば双方《どちら》も同じ契りにて」「等しく濡る、露時雨《つゆしぐれ》」という具合で、二人を侍《はべ》らせての遊楽・悦楽の日々に我を忘れる。ところがある夜、一遍が遅く帰ると、女の泣き叫ぶ声がする。部屋を覗いてみると、二人の「思ひ人」は枕を合わせて寝てしまっていたが、「枕合《あわせ》の二人の髪、さながら蛇《へび》と変じつゝ伸びつ屈《かゞ》みつ喰合《くいあ》う。その度毎《たびごと》に二人の妾《てかけ》、遍身《へんしん》より汗を流し苦敷《くるしき》声をぞ出しけり」という有様である。それを見た一遍は、女というものは「誠に外面《げめん》は菩薩にて、内には夜叉《やしゃ》の角《つの》あり」という思いを深くして出家してしまう。すると二人の女もまた、尼となって念仏の道に入ったという話である。

歴史家が、歴史的事実を記述し、その上で論評を下すように、残口はこれについて、

評ずらく、地によりて倒《たおれ》て地によりて立つ。色欲の徒《あだ》なる契《ちぎり》の、楽しみ極まりて哀《あい》情多《じょうおゝく》、陰中の嗔火《しんか》形を現はし、蛇《へび》と成て喰合を目前《まのあたり》見給ふも、宿世《すくせ》の善縁の萌《きざ》すべき折節にやあらん。

と論評した。「陰中の嗔火」は、胸中の怒り・憎しみ。仏教では、むさぼり（貪）、怒り（嗔）、愚かさ（痴）の三つを「三毒」と呼び、煩悩の最たるものとする。「宿世の善縁」は、前世からの因縁でもって、一遍が仏道に発願したことを言う。自分の色欲のままに二人の女を一つ屋根の下に侍らせた一遍は、その結果として女たちの嫉妬心に火をつけた。二人の女は表向き穏やかにかしずいていたが、内心では哀しみ、恨みをつのらせ、嫉妬に身をさいなみ、憎しみの鬼となっていた。髪の先が蛇となって互いを食い合っていたとは、おぞましい限りの姿であるが、それによって二人とも汗びっしょりとなって泣き呻《うめ》いていた。それを目の当たりにして、一遍は、女というものは「夜叉」だと悟った。そして残口は、

こう言う。

女の性曲《まが》り僻《ひが》める悪堅《わるがたま》りは、男の穏に温純《くつろぎ》たる徳を以て宥《なだ》めずんば、如何《いかん》ぞ道に入べきぞ。人をも道に入《いれ》我も真《まこと》に叶ふ、是ぞ煩悩即菩提《ぼんのうそくぼだい》といひつべし。

女は生まれながら欲望の塊《かたまり》で、執着心が強く嫉妬深いものだから、男がその執着心や嫉妬心を和らげ鎮めてやることで、初めて仏道に入ることが出来るというわけである。一遍は、「宿世の善縁」のおかげで、おぞましい光景に出会い、それをきっかけとして仏道に発心することが出来、さらに二人の女をも仏道に導くことが出来た。これこそ「煩悩即菩提」だと言うのである。すべての原因が自分の色欲にあったのに、いい気なものだという声も聞こえそうであるが、それはともかく、この「煩悩即菩提」という考え方には面白い問題が含まれている。

煩悩とは、身心を悩ますところの迷い・妄念であり、菩提は、知恵の働き（正覚《しょうかく》）によって得られた悟りである。とすれば、煩悩と菩提は対極に位置すべきものである。しかし、そうとばかりは言えないという着眼が、この「煩悩即菩提」という考え方にはある。煩悩が強ければ強いほど、身心はボロボロとなって、その苦しみも深い。「楽しみ極まりて哀情多し」とあった「哀情」の語には、そういう色合いも込められているのではないだろうか。その苦しみが深いほど、そこから逃れるべき道を求める気持ちも切実になるだろう。煩悩のままに面白おかしく生きる人にはそれは訪れないが、煩悩の苦しみを思い知りながらも煩悩から自由になれない者は、煩悩に苦しみ苛《さいな》まれることが人並みではないだけに、それが機縁となって仏道に進み、悟りに近づくということがありうる。残口がここで述べた「煩悩即菩提」とは、おおよそこういう意味であろう。

しかし「即」に着目して想像を逞《たくま》しくすれば、「煩悩即菩提」は、煩悩と別なところに菩提があるわけではない、煩悩と菩提は直ちに一つのものだというような、いわば絶対肯定に行き着くと理解することも許されるのではないだろうか。世の中にあるすべてを、肯定すべきものと否定すべきものとに色分けるのではなく、丸ごとそのまま「これでイイのだ」と大きく肯定するのである。

安楽

江戸時代の人々の生活の場に焦点を当てて、「こころ」をめぐる風景を見てみよう。舞台は、江戸時代中期の京坂の町人社会である。主役は一人の素人学者、ただしこの役者の後ろには、多くの庶民がいる。

石門心学

「心」の修養を前面に掲げた思想運動は、知識人世界の外側から起こった。

石田梅岩《ばいがん》（一六八五・貞享二年～一七四四・延享元年）は、丹波国の農家に生まれ、京都の商家に奉公に出た。独学で神道・儒教・仏教を学び、四五歳の時に京都で講席を開いた。「何月何日開講、席銭入り申さず候、無縁にても御望の方々は、遠慮なく御通り御聞なさるべく候」、つまり聴講は無料、紹介は不要、誰でも自由に聴いてほしいという掲示を出したという。梅岩は、とかく低く見られがちだった商業の社会的な意義を積極的に主張したことで知られている。その梅岩の主著が『都鄙《とひ》問答』である。

『都鄙問答』は、田舎から出てきた同郷人が、都で心学を唱えている梅岩に次のような質問をすることから始まっている。梅岩という人物は、ろくな学問もなしに、性を知るの心を知るのといった高尚な議論をして、人を惑わすばかりである。性を知る、心を知るというのは、聖人・賢人にして出来ることであって、後世の人の及ぶべきものではない――こういう具合に梅岩を批判している学者の声が聞こえてきたが、一体どうなのか、これがそ

の質問であった。これに対して梅岩は、

性を知るは学問の綱領なり。我怪《あやしき》ことを語《かたる》にあらず。

と切り返して

心性の沙汰を除《のぞき》、外に至極の学問有《ある》ことを知らず。万事は皆心よりなす。心は身の主《あるじ》なり、主なき身とならば、山野に捨《すつる》死人に同じ。

と堂々と自ら信じるところを述べた。

ここには、考えてみるべき問題があると思われる。「心は身の主」という命題は、宋・明の儒教を貫く不動の前提であるが、その「心」の主宰性を確立するためには何をどうすべきかという点で、多くの思想家が延々と議論を戦わせてきたわけである。朱子学であれば、聖賢の書を学び、事物の理を一つひとつ窮めることと、静坐・居敬を言うだろうし、陽明学なら、良知の発揮、意を誠にすることの意義を説くであろう。しかしいずれにしても、それは、学者の間の専門的な議論であった。それを、梅岩のように学問的な素人が周囲の人々に説き出すことを嘲笑する声は、本人にも直接聞こえていた。「あんな無学な者に何が分かるものか」というのだろう。そういう声を十分に意識していて、梅岩は、自分は漢文で立派な（学者風の）文章など書けないが、というようなことも言っている。しかし梅岩は、万人にとって、「心」（性）とは何か、「心」が「身の主」としてあるとはどういうことかという問題が切実なものである以上、それを考えるのは当然であり、それは聖賢にしか適《かな》わない問題だなどという限定は論外だと強く主張するのである。そして、「心」（性）とは何かという問題を、家庭生活・職業生活の中で考えることの意義を人々に説く。

心を知る時は孝の道をそこなはず、父母の悪事をも止《とゞ》め、父母を道に向《むかわ》しむ。

あるいは、こうである。

（天命に安ずるとは）士農工商共に、我家業にて足《たる》ことを知るべし。（中略）凡《すべ》て道を知ると云は、此身このまゝにて足《たる》ことを知て、外に望《のぞむ》ことなきを、学問の徳とす。（中略）此義を知らば、我職分を疎《おろそか》にする心有らんや。

梅岩の考える「孝」は、ただ父母に従順なことではなく、父母を正しく導くことでもある。そしてここで、士農工商の営みが、同じ「家業」「職分」という範疇で捉えられていることにも注意しておきたい。商人は利益に貪欲で、金儲けのためならば人を騙《だま》すことも平気でするというような世間の見方に対して、梅岩は「実《まこと》の商人は先も立《たち》、我も立つことを思ふ」、本当の商行為は相互の利益になるものだと言い、ここから「商人の買利は士の禄に同じ」という認識を引き出した。そしてまたそれは、「職分」を果たしていない武士への批判を導くことにもなる。色々な「職分」の総和として社会が成立するという社会観も、ここから生まれる。さらに考えれば、士農工商がそれぞれの「職分」を尽くすことで社会が成立すると言う時、もっとも分かりづらく説明を要するのは、武士の「職分」ではないだろうか。戦闘者としての側面と、為政者・官僚としての側面とを合わせ持ったのが江戸時代の武士であるが、こういう「職分」論が人々の共通理解になってくると、そもそも武士とは何なのか、なぜ武士が特権的な位置にいるのかというような答えづらい問いに、武士は向き合わなければならない。科挙に合格することでもって特権を保証される中国や朝鮮の支配層なら直面することのない、大きく言えば、支配の正統性に関わる問いを「職分」論は内包させていた。

小天地としての人間

さて梅岩は、「聖人の心も我心も心は古今一なり」とする。それは、「人は全体一箇の小天地なり。我も一箇の天地と知らば何に不足の有べきや」とされるように、一人ひとりが「小天地」として真善美を欠けることなく内在させているという人間観に拠っている。人間は本来、混沌として不安定で方向の定まらないものだとは考えない。人間は誰であっても、道徳の秩序を「心」として本来内在させているのだから、その「心を知る」ことこそは、万人にとって最重要な課題である。儒教も仏教も、あるいは神道も、役に立つなら拘《こだわ》りなしに学べばよいと梅岩は述べている。

神儒仏ともに悟る心は一つなり。何《いず》れの法にて得るとも、皆我心を得るなり。

別の箇所では、「老荘」の教えも含めて「心をみがく磨種《とぎくさ》」だとも述べている。こういう感覚は、書斎に籠《こも》って書物の中で考える学者からは出てこないものだろう。

譬《たとえ》ば此《こゝ》に一人の鏡磨《とぐ》者あらん。（中略）磨種になにを用ゆと可問《とうべき》や。儒仏の法を用ゆるも如レ斯《かくのごとし》。我心を琢《みがく》磨種なり。琢《みがき》て後に磨種に泥《なずむ》こそをかしけれ。愉《たとい》儒家にて学ぶといふとも、学び得ざれば益なし。仏家を学ぶとも、我心を正く得るならば善《よ》かるべし。心に二つの替《かわり》あらんや。

梅岩は、人々に読書に専心せよとか、静坐や坐禅などに励めとも言わない。屁理屈や観念的な議論ばかり言うような者や世間知らずの学者は、「書物箱」「文字芸者」と呼んで軽蔑される。

農人ならば、朝は未明より農に出て、夕《ゆうべ》には星を見て家に入。我身を労して人を使ひ、春は耕《たがや》し、夏は芸《くさぎり》、秋の蔵《おさむる》に至まで、田畠《でんばた》より五穀一粒なりとも、をゝく作出ことを忘ず、御年貢に不足なきやうにと思ひ、其余にて父母の衣食を足し、安楽に養、諸事油断なく勉《つとむる》時は身は苦労すといへども、邪《よこしま》なきゆへに心は安楽なり。

とされるように、梅岩は、「家業」「職分」に務め、父母に孝養を尽くすことの中で「心をみがく」「心を知る」ことを求めよと教えた。「心は安楽なり」とは、どういう時だろうか。

梅岩のイメージは、一所懸命に仕事に精を出してその成果が得られ、父母が元気で家族がにこやかに暮らすといったところであろう。なぜそれが「心」の安楽なのか、それが小天地としての人間の在りかたに適っているからであり、それを自分の日々の努力で達成していることに充実感を得ているからであろう。

梅岩は、神仏にすがるような態度を好まない。まして現世利益を求めて神仏に祈願するようなことは、厳しく斥けた。「心だに　まことの道に　かなひなば　祈らずとても　神や守らん」というのが梅岩の立場であり、

凡《すべ》て神《かみ》信仰する者は、心を清浄にする為なり。然るに種々様々の、非礼非義の願ひを以て朝暮《ちょうぼ》に社参し、色々の賂《まいない》を以て神に祈る。これ不浄を以て神の清浄を無《なみ》する者なれば、これぞ実《まこと》の罪人にて、神罰を受《うく》べし。

とあるように、現世利益を求める信心は「神の清浄」を穢すものとされる。「神の御心は鏡の如し。何ぞ贔屓《ひいき》の私《わたくし》有んや」とも言われる。

道話

梅岩の教えは、その次の世代によって急速に普及していった。手島堵庵《てじまとあん》（一七一八・享保三年～一七八六・天明六年）は、京都の商家の生まれで、四四歳の時に、家督を嫡男に譲

り、以後の人生を心学の布教に捧げた。一般の人々を集めて、事実談・寓話などを織り込んだ道話と呼ばれる教化話を聞かせ、人々が互いに本心を出して話し合い、人格を磨き合う会輔《かいほ》と呼ばれる講舎を作り、心学の爆発的な広がりへの道を開いた。心学講舎は、江戸後期の最盛期には全国に一八〇舎を数え、武士社会の中にもその教説は広まった。心学を学ぶ人々は、ここで有難い道話を聞き、時には巧みで面白い話術に思わず膝を打って笑い、また悩みを打ち明け合い、互いに励まし合って本来の「心」に帰るための修養に努めたのである。

堵庵は、「思案（私案）なし」ということを説いた。堵庵によれば、それは、盤珪の言う「不生の仏心」とも同じもので、さらに「思案なしの明徳」と言ってもよいとする。「明徳」は、朱子学や陽明学で重んじられる概念で、『大学』に説かれた、天から万人に賦与された欠けるところのない徳のことである。この徳を明らかにすることが人間としての当為だとされ、朱子学でも陽明学でも、それぞれの立場から「明徳ヲ明ラカニスル」ことを学問・修養の目標とした。堵庵は、

身のひいきをする者は、何ものぞといへば思案でござるワイ。（中略）かの思案が身勝手のかたへ、つれてゆく名を人欲といひますワイ。その人欲といふ身勝手をするといなや、明徳が受けつけぬによつて、はらのうちがはづかしうて、くるしうござる。

これを地獄といひますワイ。(「坐談随筆」)

と語っている。堵庵によれば、人は「活物《いきもの》」であって少しの間も「思ふ」という行為は止まない。「思ふ」こと自体は、「心のうごくはたらき」であって、「本心」を損なうものではない。それに対して「思案」は「身勝手」と結び付けられているように、私利私欲、とくに身体的な快楽にまとわりつく知恵や算段などを指している。この「思案」が「身勝手」をしようとするのだが、人間には本来「明徳」が備わっているから、「身勝手」を恥じる気持ちが起こる。つまり「人欲」と「明徳」との葛藤が生まれ、そこに苦しまざるをえない。それこそが、実存的な意味での「地獄」だと言うのである。ずっと儒教の枠組みで語られながら、オチは仏教風にまとめられ、それによって、儒教や仏教という垣根を軽々と突破した世界が一気に開けてくるという仕掛けである。惚れ惚れするほど、見事なオチである。聴衆は、内容もさることながら、その巧みな話芸にも酔ったのではないだろうか。

歓喜

急速に普及した石門心学には、見てきたように倫理的な性格が濃かったが、もう少し宗教的な次元に足を踏み入れてみよう。禅についてはこれまでも触れてきたが、ここからは庶民が獲得した絶対他力の信仰の世界である。

妙好人

阿弥陀如来の慈悲を篤く信じて、日々を念仏の中に暮らす真宗の信者を、妙好人《みようこうにん》と呼んだ。多くは無学な庶民であり、中には平仮名すら読めないような者もいた。妙好人という名前は、唐の善導《ぜんどう》の言葉「それ、念仏のひとはすなはちこれ、人中の好人なり。人中の妙好人なり。人中の上々人なり。人中の希有人なり。人中の最勝人なり」に由来するという。善導は、浄土教の発展に大きな功績のあった仏者で、日本でも、源信・法然・親鸞らが善導に深い尊敬を寄せた。天保年間（一八三〇～四四年）になると、この妙好人の篤信ぶりを人物ごとに集めた『妙好人伝』が刊行され、近代に入ってもその編集・刊行は続いた。

『妙好人伝』から一つ、紹介してみよう。長崎の丸山の娼家に、一人の遊女がいた。丸山は、江戸の吉原、京都の島原、大坂の新町と並ぶ、全国に名の知られた遊里である。この遊女が、「名号六字《みようごう》の御謂《おいわれ》を聞ひらき、歓喜《かんぎ》すること限りなし」、「南無阿弥陀仏」という六字の名号にどういう意味が込められているのかを教えてもらい、阿弥陀仏が衆生《しゆじよう》救済を本願とされたことの有難さに「歓喜」した。しかし遊女という「身のあさましさ」を嘆き、思いあまって、

さなきだに　重き障《さわ》りの　有《ある》ものを　偽《いつわ》りいふぞ　悲しかりける

と詠むと、名号を教えてくれた僧が、

心だに　弥陀《みだ》の誓ひに　叶《かな》ひなば　世の営《いとなみ》は　さもあらばあれ

と返した。阿弥陀仏は、一切の衆生をあまねく救済するという誓いを立てられた、その「弥陀の誓ひ」への感謝で「心」が満たされていれば、遊女という境涯は、往生にとって何の「障り」でもないということである。遊女はいよいよ喜んで「それより弥《いや》ましに御慈《おじ》悲《ひ》をたうとみて」暮らした。その後、この遊女はさる金持ちに身請けをされて妻に迎えられたが、半年ほどして大病にかかり、まさに命の尽きようとする時、夫に、「我《われ》この家に

まゐりてより已来《このかた》、包《つゝみ》かくせし事あり。そのゆゑは、当家《とうけ》は日蓮宗《にちれんしゅ》にて、念仏《ねんぶち》をかたく忌《いみ》きらひ給ふゆゑ、口の内にて常に称《とな》へ侍《はんべ》りしなり。されど我命《わがいのち》も刹那《せつな》に縮《ちゞま》り候へば、念仏まうす事は、何卒《なにとぞ》御慈悲にゆるし給へかし」と懇願する。夫も、「その至誠心《しじょうしん》に感《かん》じ」共に念仏をする。最後に、くだんの僧に、感謝の気持ちを込めて上着を一枚贈ってほしいと頼み、その上着に

ありがたき　道を教へし　法《のり》の師へ　形見《かたみ》に送る　袖《そで》ぞ露《つゆ》けき

という一首を添えたというのである。袖を濡らしたのは、感謝と喜悦の涙であっただろう。そして「其妻《そのつま》のよろこび縁《えん》となりて、夫は元《もと》より、家内一同、厚《あつ》く浄土真宗に帰依《きえ》せられしとなり」、それだけではなく「近辺《きんへん》の人々までも、随喜《ずいき》せしとなり」と結ばれる。

妙好人と呼ばれる人々は、自分のような劣った者を、阿弥陀仏は見捨てることなく、永遠の安らぎの世界である浄土に迎えてくれることへの感謝と喜悦に包まれて世俗の生活を営んでいる。民芸運動の創始者である柳宗悦《むねよし》（白樺派の芸術運動家。朝鮮・アイヌ・琉球・台湾先住民などの文化を愛護した）は、妙好人を高く評価したことでも知られ、「学問のある者、主義のある者には、とかく知識の滓《かす》が残り、概念のために不自由にされる。妙好人にはこの汚れがなく、もっと端的で至純で、信心がまるまると現れている。ここがとても有難く、無量の教えを吾々《われわれ》に垂れる所以である」（「妙好人の存在」）と述べている。

もう一つ、『妙好人伝』から引いてみよう。播磨国に卯右衛門という男がいた。「二十《はたち》ばかりの頃《ころ》より御法義《ごほうぎ》を大切にいたし、触光柔輭《そくこうにゅうなん》の利益《りやく》にて、仮《かり》にも人と争ふ事なし」というような篤信の門徒であった。「触光柔輭の利益」とは、阿弥陀仏の光明に触れることで身心が穏やかになることである。この卯右衛門に息子があり、これに嫁を迎えた。しかしこの嫁は「慳貪邪見《けんどんじゃけん》」で舅《しゅうと》にも「不孝」だったが、卯右衛門は「とがむる事なく」過ごした。ある時、舅の言い方が気に入らないというので、嫁が槌《つち》（物を打ちたたく道具）を投げつけ、卯右衛門の額《ひたい》に当たって血が出た。息子は嫁を追い出そうとしたが、卯右衛門は「あのやうな心得違《こゝろえちがい》なる者をもらふたは、其方《そのほう》の不仕合《ふしあわせ》、己《おの》が宿業《しゅくごう》の作《なす》ところなれば、何事も業感《ごうかん》とあきらめよ」と諭《さと》し、仏壇に灯明をあげて血を拭《ふ》きながら、「扨《さて》も〳〵地獄《じごく》一定《いちじょう》の愚痴《ぐち》のこの野叟《おやじ》めが、浅猿《あさまし》き心より嫁を叱《しか》りしゆゑ、嫁が腹を立てました。是全《これまった》く私があしきゆゑなり。御許《おんゆるし》下され」と言って一心に念仏をしていた。「宿業」とは、前世になした善悪の業であり、こういう嫁を貰ったのも、前世の報いと思ってあきらめようということである。前世の行為が因となって、この世でその果（結果）を受けるという因果の思想である。そして卯右衛門は、間違いなく地獄に落ちて当然の愚かなこの自分が、つい浅ましい心で嫁を叱ったのが原因だとして、阿弥陀仏に謝《あやま》っていたのである。これを見てさすがの嫁も強く後悔し、舅や夫に許しを乞い、「終《つい》に卯右衛門の信徳《しんとく》に砕《くだ》かれて、後《のち》には孝行の嫁となりて、御法義に入《いり》しとなり」とある。嫁も、「南無阿弥陀仏」を唱える生活に入ったわけである。

さて、真宗の門徒は「報恩講」と言って、信者が集まって互いの信心を深め合う会合を催していた。門徒仲間から報恩講に誘われた卯右衛門は、あいにく降り出した雪の中、約束の時間にその仲間の家に出かけた。男は、「今夜の雪にはよもや来《こ》まじと思ひしに、さてもく\かた意地な野叟ぞ」と思い、狸《たぬき》寝入りを決め込む。卯右衛門は、約束を違《たが》えるわけにはいかないというので、吹雪《ふぶき》になっても、ひたすらじっと家の外で待つ。思わず卯右衛門が、「御開山《ごかいざん》の御苦労のほど、此身にしらせ給へる事の有難や。南無阿弥陀仏く\」と歓喜の声を上げる。「御開山」は親鸞のことで、親鸞が雪の夜、ある武士の家に宿を乞い、断られたので雪中に石を枕にして伏し、その縁で、その武士を教化したという伝説があった。その時の親鸞の苦労が、自分にも分かった。それを分からせてくださったのだ、有難いことだと卯右衛門は感謝して念仏を唱えたのである。ついにこの男も戸を開けて、深く詫びを述べて「同行《どうぎょう》」、つまり信頼し合う門徒仲間となったという。

この他、旱《ひでり》が続いていた夏、川の水を田に引き入れようとした時、川下の人が来れば「我は川上なり。其元先《そこもとまず》引給ふべし」として先に水を引かせ、川上の人には「我は川下なり。先引たまへ」として譲ったという。「後《のち》には諸人《しょにん》これを知りて卯右ェ門の水引に出たる時は、他の人一人も出ざりしとなん」とされた。

これ以外にも、卯右衛門が「国恩」（藩主の恩）に常に感謝の気持ちを懐いていたこと、藩主から褒美をもらったことなどが『妙好人伝』には記載されている。そしてこの卯右衛門の話は、石門心学の道話集である『鳩翁道話』にも収められた。『妙好人伝』では真宗の門徒としての卯右衛門の篤信ぶりを伝えるが、その姿には、信仰の有無を超えて、苦労を重ねて立派な人格を体得したお手本という意味を人々に感じさせたのであろう。一九世紀に入ると、孝子節婦の顕彰が各地域でも盛んとなり、藩の事業としての『孝義録』などの編纂も流行する。これらは、上からの教化と言うべきものであるが、そこに描かれた人物たちも、同じように生活の中での何重もの困難の中で「心」を養い練り上げ、身近な人々に感化を及ぼすような庶民であった。

三、「こころ」の不思議に向き合う

ここからは、江戸時代の思想史のもっとも高い峰、仁斎・徂徠・宣長を遠望するコースである。観光バスの中から写真を撮って終わりではなく、少し息切れするかもしれないが、自分の足で山裾《やますそ》を歩いて、山の空気を味わいたい。思想史の醍醐味は、過去の偉大な思想家との対話にある。山容の違いを確かめながら、三人の思想家との対話を楽しんでみたい。

四端

人々がいつも穏やかでニコ〳〵暮らしていける（毎日が正月のような）世の中になればいい、本気でそう考えて、そういう人間関係を実現させるための哲学を『論語』や『孟子』の中に読み取ろうとした思想家がいた。

伊藤仁斎

伊藤仁斎（一六二七・寛永四年～一七〇五・宝永二年）は、京都の上層の商人の家に生まれた。母方の実家は連歌で有名な里村家であり、尾形光琳・乾山をいとこに持つ女性を妻に迎えている。こうして仁斎は、京都の文化人世界に連なる環境の中で生涯をおくった。

仁斎は、若い頃、周囲の反対を押し切って熱心に朱子学を学んだが、事物を事物として成り立たせる究極の「理」、言い換えれば、存在の根源とは何かというような形而上的な問題を真剣に思いつめ、二十代の半ば過ぎから三十代の半ばまで、世間との交わりを絶ってひたすら思索するという苦しい経験を経た。そして、精神的に極度に追い詰められてしまった。この苦境を脱して仁斎は、三六歳の時、自宅に塾を開いて同志会という研究会を始めた。いわば、世俗世界に帰還したのである。同志会という名称が、一方的に先生が教えるのではなく、皆で一緒に考えていこうという仁斎の姿勢をよく伝えている。この時の仁斎には、既に朱子学への強い疑問が懐かれていた。ただ、それをどのように思想的に展開していったらよいのか、そこを模索していたのだろう。孔子や孟子が説いた教えは、朱子が主張するような思弁的・禁欲的なものではなく、もっと日常生活に即した誰もが実践できる平易な教えなのではないか、こう仁斎は考えた。ここから仁斎は、朱子の解釈によって染められてしまう前の『論語』や『孟子』の思想を蘇らせることを課題として、『論語』と『孟子』の注釈書としての『論語古義』と『孟子古義』の完成にその後の人生を捧げた。天理図書館に収められているその『論語古義』や『孟子古義』の草稿を見れば、『論語』や『孟子』の本文について、仁斎の解釈が細かな文字で記され、それが何度も書き直されている様子が残っている。付箋を貼って書き直し、赤や青の墨でさらに補訂されている。仁斎は、この作業にひたすら打ち込んで、生前は一冊の著書を刊行することもなく生涯を終えたのである。先にも述べたように、古典の解釈こそは思想闘争の主戦場であって、仁斎が残した草稿を前にすれば、古典の解釈に生涯を賭けるということの迫力に、ただ圧倒されるばかりである。仁斎の著作としては、『論語古義』『孟子古義』をはじめ『語孟字義』『童子問《どうじもん》』などが、仁斎の没後、嗣子である伊藤東涯《とうがい》（一六七〇・寛文一〇年〜一七三六・元文元年）の手によって刊行された。東涯は、家塾である古義堂を主宰して仁斎の思想を祖述するとともに、儒教思想史としての『古今学変』、中国制度史である『制度通』などを著した傑出した学者でもあった。

「卑近」

『童子問』は、童子の質問に答えるという形式をとった仁斎学入門の書である。そこで仁斎は、童子に「『論語』は平淡で面白みがない、もっと高遠な書物を研究すべきではないか」という趣旨の質問をさせて、そうではないと論じている。『論語』の意義は、奇を衒《てら》った議論をしたがる者や、気質の偏った者、新しい流行を好むような者には分からない。高遠ぶらず、日常の卑近な教えの中にこそ、本当に大切なものがあるのだとして、「卑近を忽《ゆるが》せにする者は、道を識《し》る者に非ず」と教えた。日常卑近こそ「実」であり、高遠は「虚」だとも仁斎は言う。また『論語』は「五穀」、高遠ぶった書物は「八珍美膳」、人間にとってどちらが本当に大切かとも仁斎は問い、日常卑近な教えを説くからこそ『論語』は「最上至極宇宙第一の書」なのだと讃えた。仁斎の言う高遠には、禅を頂点とした仏教や老荘などが想定されていて、朱子学や陽明学もまた決定的に禅の影響下にあるものとしてそこに含まれている。仁斎の見るところ、朱子学や陽明学は表では禅を批判しながら、実は禅に劣等感を持っていて、そこから、禅に負けまいとして高遠・深遠ぶった議論を無理に作り出しているのである。仁斎は、宋・明の儒教を通じて顕著なこういう傾向を、否定的に「禅儒」と呼んでいる。

では「卑近」とは何だろうか。それは、父子・兄弟・夫婦、あるいは君臣・朋友といった人倫的な生活そのものだと仁斎は言う。そういう生活は、それ自体として価値を持っている。その人倫的な生活を、人は、「相親《あいした》しみ相愛し相従《したが》ひ相聚《あつ》ま」りながら、穏やかに生きるのである。

仁の徳たる大なり、然れども一言以て之を蔽《おお》ふ、曰く愛のみ。(林本『童子問』、刊行された仁斎の書物には東涯の手が入っているので、仁斎の最終稿本、いわゆる林本から引用する、以下も同じ)

とは、よく知られた仁斎の言葉である。出発点にあるのは「愛」であり、まず、それをもっとも身近な相手、家族や近隣に発揮させていくというのが仁斎の考える人倫的な生き方であった。

朱子学でも、同じように人倫の価値を説く。しかし朱子学では、あるべき「理」に従って、あるべき人倫を生きよと主張する。愛も含めて、喜怒哀楽の感情生活にはどうしても過不及がつきまとうから、そこを「理」でコントロールせよと朱子学は教える。仁斎によれば、そこが間違いである。人の心には、「相親しみ相愛し相従ひ相聚まる」という、互いに睦み合い親和するという萌芽的な感情が備わっている。言わば、人間同士には親和力が備わっている。ただ、それを伸ばせばいいのだ。お互いが「理」を持ち出せば、「理」と「理」とが衝突して収拾がつかなくなるし、あるべき「理」の高みからいつも相手の欠点を探すような態度で人に接するようになってしまうだろう。人倫的な生活とは、そういうものであってはならないと仁斎は言う。

「活物」としての心

仁斎は、はっきりと「明鏡止水」的な「心」を否定した。

明鏡止水の四字、もと荘子に出づ。聖人の書においては、もとこの語なく、亦《また》この理なし。（『語孟字義』）

「聖人の書」とは、まず『論語』を指し『孟子』も含むであろう。『論語』や『孟子』には「明鏡止水」などという言葉は見えず、この語は、異端とすべき『荘子』（徳充符《とくじゅうふ》篇）に由来しているというわけである。しかし、朱子や王陽明をはじめ、近世の儒教ではこの語が好まれ、「心」についての議論の前提となっている感さえあると仁斎は論じる。

今かの仏老の教へたるや、清浄を以て本とし、無欲を道とす。功夫《くふう》すでに熟するに曁《およ》びては、すなはちその心、明鏡の空しきがごとく、止水の湛《たた》へたるがごとく、一疵《いっし》存せず、心地潔浄、ここにおひて恩義まず絶えて、彝倫《いりん》ことごとく滅ぶ。（中略）聖人の道と相反すること、なほ水火の相入るべからざるがごとし。

仁斎によれば、「心」の本来あるべき姿を「明鏡止水」のイメージで捉えるのは、「心」について「清浄」「無欲」を理想と考えるからである。そういう立場からすれば、塵一つない鏡や、波一つ立たない水面が理想となる。それは、異端である仏老が、「恩義」や「彝倫」、人間同士の暖かな感情生活や倫理的関係に煩わされない、ある清らかで透明な精神の境地に憧れ、人倫的な生活の外に立つことを理想とするからである。彼らは、天下を離れて自分一人の安らぎを求める者である。そういう彼らが、「明鏡止水」を言うのは分からないではないが、儒教がそれでよいのか。それは、仏教や老荘の思想ではあっても、儒教はそうあってはならないはずだと仁斎は言う。儒教は、生きた人間同士の倫理の教えであることに特徴がある。仏老と儒教は、水と火のようなもので、一緒になれるものではない。『童子問』では、

蓋《けだ》し道也《や》、心也、皆生物也。故に取りて以て之を譬《たと》ふるに止水の若《ごと》きは、則はち以て

心の妙を譬ふべからざる也、鏡の物たる、亦然り。能く影を写すと雖も、物を照らすこと能はず。徒《いたずら》に其の虚なるを以ての故に、能く物影を受くる耳《のみ》。日月の光を放ち、燭光の遠く映ずるが如くなること能はず。其の生物に非ざるが故也。

とも論じている。「道」も「心」も生き生きと動き、活動しているものである。したがって、それらを喩えるなら、同じく生き生きとした「生物」で喩えなければならない。鏡は、確かに前に置かれた物の姿を忠実に映すが、それは受身的に映すというだけのことである。「心」は、こちらから相手に働きかけるもの、いわば積極的に物を照らし出すようなものではないか。こう考えただけでも、鏡の比喩でもって「心」を捉えてはいけない、これが仁斎の見方である。そういう生き生きとしたものを、仁斎は「死物」に対する「生物」、あるいは「活物」と表現する。

聖人は天地を以て活物と為し、異端は天地を以て死物と為す。

あるいは

理は、もと死字、物に在りて物を司《つかさ》どること能はず。（中略）惟《た》だ聖人は、能く天地の一大活物にして理の字を以て之を尽くすべからざることを識る。

というようにである。朱子学が重んじる「理」は、文字としての元来の意味は、玉（宝石や美しい石）の規則的な筋目である。仁斎は、そういう「理」は「死字」であって、物に付属するものではあっても、物を主宰するものではなく、「一大活物」としての「天地」を形容すべきものではないことを聖人はよく分かっていたのだとする。「理」は、生き生きとした生命の働きの跡をカバーしても、生命の働き自体を言い尽くすものではない。そして「心」について、

蓋し慈愛惻怛《そくだつ》は人の本心なり。(中略)夫《そ》れ心は活物也。(中略)苟《いやし》くも区区《くく》死定して以て此の心を束縛羈絏《きせつ》するを事と為せば、則ち是れ悉《ことごと》く心の用を廃する也。豈《あに》万変に酬酢《しゅうさく》するの主《あるじた》為ることを得ん哉《や》。

と述べた。「活物」として生き生きと動く「心」のもっとも大事な働きは、「慈愛惻怛」、「惻怛」は相手をいたみ不憫に思う気持ち、つまり他者に対する共感だと仁斎は言う。こう考える仁斎は、その「心」を「理」のような「死字」で縛ってしまっては、どうして「心」が「万変に酬酢する主」たりえようかと論じた。仁斎は、感情生活の根底にあるものを、先に見たように「愛」として捉えていたが、その「愛」は、相手をいたわる心遣い、共感を中核としているのだろう。そういう心遣いをもって、「万変」、何が起きるか分からない複雑な現実に、「酬酢」、うまく応答していく、それも流れに任せるように他律的に生きるのではなく、「心」こそが「万変に酬酢するの主」として能動的に状況を切り開くのである。

「活物」として心を捉えるということは、人間の感情生活を、規範的な何ものかでコントロールしようとする態度をとらないということでもある。

蓋し天理の極を尽くすは、人人の能くする所に非ず。一毫人欲の私《わたくし》無きは、又《また》形骸を具へ人情有る者の能く為《す》る所に非ず。聖人は此れを以て自ら治めず、又此れを以て人に強《し》ひず。

ここで「形骸を具へ人情有る者」という表現に注意しておこう。人間が身体をもって感情生活をおくる、この事実を起点として物事を考えていこうと仁斎は言っているようだ。そういう生身の人間にとって、朱子学が理想として掲げる「人欲の私」なき状態など、そもそもありえないと仁斎は説いている。感情生活（「人情」）は、最低限の社会的ルールさえ犯さなければ、そのまま認め合ってよいのではないかと仁斎は主張していく。

荀くも礼義以て之を裁《さい》することと有るときは、則ち愛即《そく》是れ道、欲即是れ義、何の悪《にく》むことか有らん。

「愛即是れ道」の「愛」は、後の書き込みで「情」に訂正されている。「情」や「欲」への警戒的な態度が、「形骸を具へ人情有る者」にとってのもっとも大切なものを損なってしまう、これが何よりの問題なのである。

「徳」

では、仁斎は「心」を具体的にはどのようなものとして理解していたのだろうか。仁斎は、聖人は「心」をそれとして単独で抽象化させて論じることを好まなかったということを強調して、「心」よりも「徳」を重んじるのが『論語』の人間観だとする。

心学の称も、亦禅学より来たる。（中略）聖人は徳を言ひて心を言はず。（中略）蓋し聖人は、天下の上より道を見る。仏者は一身の上に就きて道を見る。天下の上より道を見る、故に天下の同じく然る所の理を観る、徳を貴びて心を貴ばざる所以《ゆえん》也。一身の上より道を見る、故に心を視て徳を視ず、自《みずか》ら人倫を離るゝ所以也。

こう述べる仁斎は、『論語』には「心」を主題として論じる姿勢が見えないと注意する。『論語』が問題とするのは、例えば「仁」であり「忠恕《ちゆうじよ》」であるように、他者に向き合う心の在りよう、具体的な「徳」であることを仁斎は指摘している。

それにしても「聖人は徳を言ひて心を言はず」とは、大胆な言い方である。そして、これは面白い逆転ではないだろうか。「万変に酬酢する主」としての「心」を主張する仁斎が、同時に「心」を「心」として論じるなと主張しているのである。それは、けっして孔子が、あるいは仁斎が捉えるところの孔子（つまり仁斎）が「心」を軽んじたということではない。この逆転の中には、観念的・抽象的に「心」を単独で論じるのは、「清浄」「無欲」を理想とする仏老の徒のスタイルであって、それは「心」を弄《もてあそ》ぶことであり、他者との関わりの中での「心」の具体的な在りようとしての「徳」を論じることが、本当の意味で「万変に酬酢する主」としての「心」を重んじていくことなのだという含意があるのだろう。

「四端」の拡充

しかし、問題はそれだけでは終わらない。『孟子』になれば、「心」について、新しい議論が出てくる。『孟子』（公孫丑《こうそんちゅう》上篇）では、有名な「四端《したん》の心」が説かれている。よちよち歩きの子どもが井戸に落ちようとしている。それを見たなら、誰でも思わずハッとしてその子を抱きとめるだろう。それは、後で近隣から褒められようとか、親からお礼をもらおうとかといった気持ちからするのではない。思わずハッとして、なのである。ここから雄弁家の孟子は、一気に議論を広げて、人間には誰であっても例外なく、この子どもを抱きとめたような善への志向があって、それを分節化して言えば「惻隠」（慈しみ）、「羞悪」（恥じらい）、「辞譲」（譲り合い）、「是非」（邪正の弁別）、この四つの心となるが、それらが備わっていて、それぞれが「仁」「義」「礼」「智」という徳の「端」をなしているのだと論じた。これを「四端」と呼ぶ。朱子は、この「端」を、心に内在している「理」としての「仁」「義」「礼」「智」が、あるきっかけで、ちょうど糸玉の端《はし》が頭を出したように、姿を現したものだとする。その糸の端をつかまえて、自分の心の中へ手繰《たぐ》り寄せて、「理」の自覚へ繋げていくべきだと朱子は主張した。朱子の内省的な姿勢がよく出ている解釈である。しかし仁斎は、これに真っ向から反対し、「端」は滾々《こんこん》と流れ出る水の源、勢いよく繁茂する植物の根にあたるもの、つまりそこを踏み台にしてそこから外に広がり伸びていく出発点だとした。仁斎の言うところは、こうである。

心を論ずる者は、当《まさ》に惻隠・羞悪・辞譲・是非の心を以て本とすべし。それ人のこの心有るや、なほ源有るの水、根有るの草木のごとく、生禀《せいひん》具足、触るるに随ふて動く。いよいよ出でていよいよ竭《つ》きず、いよいよ用ひていよいよ尽きず、是れすなはち心の本体、豈これより実なる者有らんや。(『語孟字義』)

「心」は、「明鏡止水」論者が説いたような、誰とも関わらない、関わりを持つ以前の抽象的な「心」ではない。内へ内へと向かうべきものでもない。大事なのは、具体的な誰かへの「惻隠」、思いやりの「心」であり、何事かについての「羞悪」、恥じらいの「心」である。「辞譲」「是非」も、同じように何事かを譲り、何事かについて、その是非善悪を弁別することである。そういう「心」が、発動しているのである。発動を待って、じっと潜んでいるのではない。仁斎は、「心」を動いているものとして捉えている。人間同士の関わりの中で、常にある方向に動いているのが「心」なのである。同じく水をイメージしても、波一つない静かな水面ではなく、湧き出て止まない泉の水こそが、仁斎の捉える「心」のイメージであり、そこに「聖人の道」（儒教）があるのである。この「四端の心」をどこまでも「拡充」していくことが、「活物」としての「心」らしい在りようであり、仁斎の考える人倫のモラルなのである。

「寛宥の心」

「心」を論じるなら、悪意や嫉妬、いじけた気持ちや逃避的な気持ち、仏教で言うところの煩悩・執着、その他いろいろなマイナスの側面がありうるのに、仁斎は、専ら「惻隠・羞悪・辞譲・是非の心」を取り上げる。これは、どうしてだろうか。それは、仁斎の求めたものが、穏やかな共感に基づいた、互いの過失を許し合うような人間関係だったからである。「理」という高みに立って、そこから相手を裁断する姿勢を、仁斎は「刻薄」という言葉でもって斥ける。「理」の立場にある者は、こう考える。「理」は普遍的なもので、万人に天から等しく賦与されている。現実の人間には「気」に由来する個体差（偏り）があるが、「理」にはそれがない。人間はお互いに、その「理」に則《のっと》って生きるべきものであり、「理」において自分と相手とは分かり合えるものだと考える。しかし仁斎は、繰り返すようだが、「理」からするそういう他者への視線は、現実には、自らを高みに置いて相手に臨むことなのだとする。

凡《およ》そ事、専《もっ》ぱら理に依《よ》りて断決するときは、残忍刻薄の心勝《まさ》りて寛裕仁厚《じんこう》の心少なし。（『童子問』）

とする仁斎は、そういう人物は「己を持すること甚《はなは》だ堅く、人を責むること甚だ深し」と評価している。

仁斎はまた、相手に自分と同じものを求めない、相手の立場を尊重するということを強調して、

人の五倫に於ける、父子の親しき、兄弟の睦まじきと雖も、既に其の体を異にす。況《いわん》や君臣、夫婦、朋友は、皆義を以て合ふ。

と言っている。親子・兄弟であっても「其の体を異にす」る別々な人間であり、君臣・夫婦・朋友については言うまでもない。「義を以て合ふ」（義合）とは、先天的な関係ではなく、ある合意に基づいた関係であることを言う。人倫の関係において、お互い、相手と完璧に一体になることなどありえない。どんなに親しい者であっても、そこには距離があるし、むしろ距離感をもって共感していくという関係が望ましいと仁斎は考える。親子・兄

弟は、それまでの儒教の発想からすれば、例えば山崎闇斎が「(自分の)身は親の枝にて、兄弟はえだをつらぬる人」(『大和小学』)と言っているように、そこに断絶のない、一体となった関係として描かれていた。親という幹があり、そこから枝としての自分と兄弟がいるのである。自分の身体は親のものだから、親のためには何でもしなければならないと説かれることもあった。こういう感覚から、仁斎は、いかに遠いことだろうか。人間と人間とは、まず切れた関係としてある。そして仁斎は、

深く人(相手)の心を体察するときは、則ち自《おのず》から寛宥《かんゆう》の心有りて生じ、過ちて刻薄を為すに至らず、故に恕に又寛宥の意有り。

と述べる。別の所では、「己を以て人を体す」とも言う。通り一遍ではなく、相手の立場になって考える、それは、自分と相手とは別々の切れた存在だからである。そうすれば自然に「寛宥の心」が起こって、間違っても「刻薄」になることはないというのである。『論語』(里仁《りじん》篇)で曾子《そうし》が「夫子《ふうし》の道は忠恕のみ」と言ったその「恕」には、けっして他者に対して「刻薄」にならず、「寛宥の心」でもって交わるという意味があるとも仁斎は言う。他者として相手を認めた上で、穏やかな共感をもって接する、こういう感情生活の根拠を「心」に求めるなら、複雑で厄介な「心」の働きの中でも、そのマイナスの面ではなく、「惻隠・羞悪・辞譲・是非の心」に焦点が合わされていくのは当然であろう。人間

は、たとえ親子でもぴったり重なり合うものではない。別な人格なのである。しかし「四端」を持つという点では、互いに重なる。その重なる部分で分かり合えば、それでよいではないか、こう仁斎は考えたのであろう。

仁斎は、例えば嫉妬心をなくせ、事物に執着するなというようなことを言わない。仏教ならば煩悩と名づけるような感情を、そもそも取り上げて論じようとはしない。そういう感情については、論じるに値しないものだと考えたのだろうか。何とも分からないところであるが、おそらく、それをそれとして取り上げても生産的な結論が出るものではないというう気持ちがあったのではないかと想像される。人倫的な世界に穏やかに生きることで、そういうマイナスの心を表立たせずに鎮《しず》めていく、ここに、他者と共に生きる上でのある種の知恵を見ていたのかもしれない。

「心」に対する仁斎のこういう姿勢には、京都の上層の町人社会が育んできた社交的世界のエッセンスを、最良の形で儒教の言葉でもって掬《すく》い上げたという面があるだろう。しかし仁斎の思想には、そこに止まらない、他者を他者として認めた上での共感と寛容を構想する人間学として、時の隔たりを超えて、というより今こそ切実な課題として、私たちの胸に迫ってくるものがある。

礼楽

江戸時代の儒者の中で、もっとも毀誉褒貶の幅があるのは、徂徠であろう。政治に偏重して道徳を軽んじる功利主義者という批判は、ずっと付いて回ったものの、徂徠らしい大胆豪毅な発想は江戸時代の思想史を大きく転換させ、思想的な影響力は抜群だった。その徂徠は、「こころ」という問題にどう接近したのだろうか。

「古文辞」

江戸時代の儒教は、荻生徂徠（一六六六・寛文六年〜一七二八・享保一三年）の登場によって、まったく新しい次元に向き合うこととなった。そして徂徠の影響は、儒教の世界だけに止まらない。もし徂徠がいなかったなら、国学や蘭学も、私たちが知るところの国学や蘭学とは違ったものになっていたかもしれないほどである。それほど大きな影響を知的世界全体に徂徠が与えたのは、言葉によって事物を、とくに時代を隔て、空間を隔てた遠い世界の事物を理解することはそもそも可能なのか、それが可能だとすれば、それを可能にさせる方法は何なのかという問題を投げ掛けたからである。直接に体験できない世界の事物を、言葉や文字の力で理解するためには、どういう方法的な自覚が必要なのかという問題を、徂徠は初めて論じたのである。

宇はなほ宙のごときなり。宙はなほ宇のごときなり。故に今言《きんげん》を以て古言を視《み》、古言を以て今言を視れば、これを均《ひと》しくするに侏僑鴂舌《しゅりげきぜつ》なるかな。(中略)世は言を載せて以て遷り、言は道を載せて以て遷る。道の明らかならざるは、職《しょく》として(もっぱら)これこれに由《よ》る。(中略)千歳逝《ゆ》きぬ。俗移り物亡ぶ。(『学則』)

「宇」は空間的な広がり、「宙」は時間的な広がりを指す。「侏僑鴂舌」とは、野蛮人の言葉やモズの声で、要するにチンプンカンプンということ。徂徠はここで、対象との空間的な隔たりと時間的な隔たりという問題を論じている。古代中国の黄金時代の「俗」も「物」も、滅んでしまっている。ただそれを記録した文献は、今も残っている。しかしそれらの文献で用いられている言葉や観念について、現在その言葉が意味しているような内容を遡《そ》及《きゅう》させて、そのまま古代の意味や用法を理解してしまっていいのだろうか。それは、時間的な隔たりを無視することではないのか。日本語でも中国語でも、言葉の意味は、常に時代によって変わっている。「道」が明らかにされないのは、言葉の歴史的な変容に鈍感だからではないのか、こう徂徠は言う。古代との間には、数千年の隔てがある。漢字という共通の文字があっても、中国語でそれが用いられる時と、日本語の中で使われる場合で、意味やニュアンスが違っているかもしれない。では、中国語を学べばよいのか。かりに中国語を習ったとしても、それは古代の文章世界で用いられた中国語ではない。文献に記載があるとはいえ、その言葉は現在の言葉ではない。

この時間的な隔たり、言葉や観念の歴史的変容という問題に加えて、日本人が漢文を読む時の独特の問題がある。それは、訓読という方法が孕《はら》む問題である。表意文字としての漢字の性格を活用して、古代中国の文章語を日本語で読んでしまうのが訓読である。日本語に置き換えて訓読してしまえば、それは日本語の発想や語感を被《かぶ》せてしまうことであって、結局はゴマカシではないのか。それは、空間的な隔たりを無視することではないのか。こう徂徠は主張したのである。江戸時代に生きる学者は、時間的にも空間的にも、古代中国から遠く隔てられている。「千歳逝きぬ。俗移り物亡ぶ」、では、どうすればよいのか。

徂徠は、まず訓読は止めた方がよいとする。まず初級の中国語を学習する。そして、漢代・六朝までの古い文章世界、徂徠の言う「古文辞」の世界にどっぷりと浸って、その語感・リズム・修辞法などを身につける。そういう目でもって、「道」を伝える古い文献を、返り点などに頼らず、頭から直読すべきなのである。これは、訓読という方法を疑ってこなかった日本の儒教にとって、おそろしく根源的な問題提起であった。

徂徠の捉える「道」とは、古代中国の文化世界のことである。しかし徂徠自身は、その「道」から、時間的・空間的に二重の意味で隔てられている。徂徠の頭脳がその古代中国の文化世界に届くとすれば、唯一の媒体は、言葉（文献、テキスト）である。その言葉とどう向き合うのかという問題に対して、日本の学者たちはあまりにも鈍感だったのではないかと徂徠は問題を投げ掛けた。そしてそれが、単に儒教だけの話ではなく、対象が神代・古代の日本であれ、中国やインド、あるいはオランダであれ、言葉でもって事物を探求しようとする営みのすべてに関わる問いであることもまた明らかであろう。

「くるわ」

徂徠の父は、館林《たてばやし》藩主（後に将軍となる綱吉）の侍医をしていたが、その勘気をこうむって、一家は江戸追放となり、上総《かずさ》の田舎に移った。徂徠の一四歳の時である。そして二五歳（一説では二七歳）の時、許されて江戸に戻った。徂徠はもっとも多感な時を、師友もいない田舎で、限られた書物に向かうことで過ごした。まったくの独学である（仁斎もまた独学の人であった）。ただし、その知的なエネルギーにはただならぬものがあったのだろう、既に仁斎の名前を知っていて、その思想に関心を懐いていた。

江戸に戻った徂徠は、江戸の町や人々の気風の大きな変化に驚く。時代は元禄年間に入っていて、江戸は華やかな都市として生まれ変わっていた。しかし徂徠が本当に驚いたのは、その大きな変化に対して、人々が何とも無自覚だという事実であった。変化に気づいていないのである。それはどうしてなのだろうか。徂徠は「くるわ」という言葉を使うが、「くるわ」とは城や砦の周囲をめぐらせた土や石の囲いのことである。その「くるわ」の内側の人間には、「くるわ」の中の変化は容易に気づかれない。日々の小さな変化が、時間をかけることで大きな変化をもたらすのだが、その中で暮らしていると逆にそれが見えない。しかし、「くるわ」から一度出た人間には、「くるわ」を対象として突き放して見ることが出来る。「くるわ」の中にいて、その世界を突き放して見ることは相当に困難だということだ。では、「くるわ」の内側から、自分の暮らす社会を突き放して、つまり対象化して見ることは不可能なのだろうか。徂徠は、歴史を学ぶことによって、それが可能になるとする。

此国に居て見ぬ異国の事をも承候は、耳に翼出来て飛行候ごとく、今の世に生れて、数千載の昔の事を今目にみるごとく存候事は、長き目なりと申事に候。されば見聞広く事実に行わたり候を学問と申事に候故、学問は歴史に極まり候事に候。古今和漢へ通じ不ㇾ申候へば、此国今世の風俗の内より目を見出し居候事にて、誠に井の中の蛙に候。(『徂徠先生答問書』)

こう論じる徂徠が踏まえるのは、衆言を容れることで人君は「飛耳長目《ひじちょうもく》」を持つという『管子』(九守篇)の言葉である。徂徠は、それを学問論に応用した。「古今和漢」の事物を広く学ぶことで「飛耳長目」を備えることが出来て、その力で、「此国今世の風俗」から知的に抜け出ることが可能なのだと徂徠は説くのである。いわば、方法としての歴史学とでも言うべき意識を徂徠は持っている。『管子』は、春秋時代の政治家である管仲に託された法家系の書物である。徂徠は、必ずしも内容的に共感するかどうかとは別に、「古文辞」の修得のために『管子』も含めて、古い時代の文献を幅広く読んでいった。正統と異端を厳しく弁別して、異端の書には手も触れないというような態度を徂徠はとらない。

従来、儒教的な価値観からは、古今の人物の出処進退を道徳的な立場から論じることが歴史の学習だという理解がなされていたが、徂徠が言う「学問は歴史に極まり候」はそうではない。「事実」を「広く」知ることが目標である。「見聞」を広めることで、知的な次元で「井の中」から出る、それを可能にさせるのが、徂徠にとっての歴史の学習なのである。

学者とか知識人と呼ばれる人間なら、こうして「くるわ」から出て、「くるわ」の内部を相対的・批判的に見なければならないと徂徠は考えたのであろう。しかしそれはまた、人間というものが、いかにその時代、その社会の文化的環境によって深く規定されているのかを知り尽くした者にして初めてなしうる議論だとも言わなければならない。徂徠は、人間の「心」というものもまた、抽象的に論じられるものではなく、社会的・文化的な環境の中で形成されるものとして捉えなければならないと論じていく。

「君子」

徂徠は、仁斎が「明鏡止水」のイメージを否定したことに共感した。

宋儒曰く、聖人の心は明鏡止水の如しと。是《こ》れ心の動く物たるを知らず。仁斎先生の之を駁《ばく》するは是《ぜ》なり。(『弁名』)

心は「動く物」であるところに本質があると捉えている点で、徂徠は仁斎を継いでいる。仁斎が使った「活物」という言葉も、例えば「天地も活物に候。人も活物にて御座候」(『徂徠先生答問書』)とあるように、徂徠は好んで用いる。では徂徠は、「心」をどのように考えたのだろうか。

心なる者は、人身の主宰也。善を為すは心に在り、悪を為すも亦心に在り。故に先王の道を学んで以て其の徳を成すは、豈《あに》心に因らざる者有らん乎《や》。(『弁名』)

ここにも仁斎と似た発想を見ることができる。「心」は「身」の主宰者で、善悪いずれの行為をするのも「心」によるのであるが、むしろ「徳」という面から「心」にアプローチしようとする。徂徠もまた仁斎と同じように、「心」を「心」として抽象的・観念的に論じることは、仏教や老荘の思想に影響された態度だと考えている。

しかし徂徠は、ここから仁斎と袂を分って、独自の考え方を展開していく。「先王の道を学んで以て其の徳を成す」という捉え方がそれである。「先王の道」とは何だろうか。徂徠によれば、「道」とは、人間としての普遍的な生き方とか、天地を貫く真理といったようなものではない。「道」とは、後世の手本となる、古代中国の偉大な聖人（先王）たちが作ったところの文化世界の在りようである。その中心にあるのは、礼楽という雅びな文化である。雅び、その反対は野鄙《やひ》。むき出しの暴力や、法令に頼った統治は野鄙なものとされる。

道とは統名也、由る所有るを以て之を言ふ。蓋し古先聖王の立つる所にして、天下後世の人をして此れに由りて以て行はしめ、己も亦此れに由りて以て行ふ也。（中略）孝悌《こうてい》仁義より以て礼楽刑政に至るまで、合はせて以て之に名づく。

徂徠によれば、「道」とは「統名」、つまり色々なものを包括した概念であり、具体的には、様々な道徳的内容や礼楽、実際の政治の在りようなどを総合した膨《ふく》らみのある名辞だ

という。それを分かりやすく言えば、

道と申候は、事物当行の理にても無レ之、天地自然の道にても無レ之、聖人の建立被レ成候道にて、道といふは国天下を治候仕様に候。扨《さて》聖人の教は専《もつぱら》礼楽にて風雅文采なる物に候。（『徂徠先生答問書』）

ということになる。儀礼・儀式、礼儀、そして音楽の体系、これを合わせて礼楽と呼び、先王の時代には、礼楽でもって社会の秩序が保たれ、君子は君子らしく、小人（庶民）は小人なりの人間形成を果たしていた。その君子に求められたのが、「先王の道」、つまり礼楽世界に身を浸すことで、君子らしい「徳」を体得して、「安民」、民を安んずることを第一とした君子らしい「心」の持ち主となって社会を主導することなのである。仁斎の言う「徳」が、他者への親和的な向き合い方という性格を持つとすれば、徂徠の「徳」には、文化的な教養・能力という性格がある。

君子は、礼楽の世界に身を浸して、ゆっくりと自己形成をとげる。安易な促成栽培をしてはならない。また、規格化された一律のモデルを押し付けてはならない。「気質を変化して、渾然中和の徳に至る」などという議論は、「邪説」以外の何ものでもないと徂徠は言う。気質の偏りを正して中庸を得るというのが朱子学の考え方であるが、徂徠によれば、そういう議論は、何の面白みもない優等生を作ろうとするだけである。

> 気質は天より稟得《うけえ》、父母よりうみ付候事に候。（中略）気質は何としても変化はならぬ物にて候。米はいつまでも米、豆はいつまでも豆にて候。（中略）されば世界の為にも、米は米にて用にたち、豆は豆にて用に立申候。

米を豆にしよう、豆を米にしようなどと考えてはならない。大切なことは、本人の個性を伸ばすこと、米として立派な米に、豆として最高の豆になることである。

　こうして育てられた君子は、文化的な教養・能力を体得したエリートとして社会に出て、政治を担《にな》っていく。個性的な君子、これを相応しい部署に登用して、その実力を存分に発揮させるのが人君の役目になる。登用する側の視点から、君子にとって個性がいかに重要かを、徂徠は次のように述べている。

> 天地の間の物何によらず、各長短得失御座候て、其長所を用候時は天下に棄物棄才は無二御座一候（中略）人を用候には、其長所を取て短所に目を付不レ申候事聖人の道にて御座候。

　人材を登用する側は、その人物の長所と短所をバランスシートにかけてはいけない。あくまで長所が生きるように配慮せよと徂徠は主張する。そういう人材配置がうまくいけば、「棄物棄才」はないはずだとされる。つまり、「先王の道」という礼楽世界での君子の人格形成は、どんな人物であれ、何らかの長所が伸びるようなものとしてあるということだろう。そこで輩出される多士多彩の君子群、つまり文化エリートたちが生き生きとその「徳」を発揮すれば、理想の社会統合が実現すると徂徠は言う。徂徠は、政治は政治、文化は文化というようには考えていない。それぞれに個性的な君子の徳（才能・長所）を見抜いて、これを適材適所に配置することが人君の役割である。その結果として「民を安んずる」政治が実現される。

庶民

徂徠は君子について語ることが多く、小人、つまり庶民についてはあまり多弁ではない。小人は、徂徠によれば、自分たちの生活を営むことで精一杯であるが、けっして道徳外の存在とされたわけではない。庶民の世界にも、家や地域共同体の範囲で身近な道徳生活がある。そもそも徂徠は、

相親しみ相愛し相生じ相成し相輔《たす》け相養ひ相匡《ただ》し相救ふ。（『弁道』）

というような共同性が、人間には本来のものとして備わっていると考えている。仁斎の「相親しみ相愛し相従ひ相聚まる」を思い出させる表現である。こういう共同性は、君子の世界でも小人の世界でも同じであって、小人は「孝」の道徳を中心として、家や地域共同体において相互扶助的な生活をおくっている。古《いにしえ》の聖人たちも、こういう人間の共同性

を深く洞察して「先王の道」を作ったのだと徂徠は言っている。そして、豊かに礼楽文化を体得した「徳」のある君子たちが社会を統合していけば、その影響は「俗」として小人の世界にも間接的に及び、その共同性が集団の中に育まれるものとされた。

礼楽の教へは、天地の生成の如し。君子は以て其の徳を成し、小人は以て其の俗を成す。天下、是に由りて平治し、国祚《こくそ》、是に由りて霊長なり。

「風俗」は、儒教でよく用いられる言葉であって、上に立つ者の人格的な教化・感化を「風」に喩えて、下々の「俗」が改良されるというようなイメージがそこにある。しかし徂徠の捉える「俗」は、「礼楽の教へ」との関係で捉えられている。例えば地域社会での祭礼などで、年長者を敬う「養老の礼」が皆の見ている前で実演されれば、自然と庶民の「俗」がよい方向に向かうというようなことを徂徠は考えていたようだ。

徳川社会と人々の心

さて、「先王の道を学んで以て其の徳を成す」というのが徂徠の主張であったが、それは礼楽という文化の枠組みの中で、初めて「心」(徳)の涵養《かんよう》はなされるということであった。これを逆から言えば、「心」をそれだけ取り出して、あるべき「心」に高めていこうというような営みは意味をなさないということでもある。それを徂徠は、先王の道は礼を以て心を制す、礼を外にして心を治むるの道を語るは、皆私知妄作なり。何となれば、之を治むる者は心也。治めらるる者も心也。我が心を以て我が心を治む。譬《たと》へれば狂者の自ら其の狂を治むるが如し。安《いず》くんぞ能く之を治めんや。と痛烈に述べている。礼楽という客観的な文化の枠組みがあるから、その礼楽を学ぶことによって、「心」を治め徳を身に得ることが可能となる。その枠組みを無視して、我が心でもって我が心を導こうというのは、狂者が自らの狂を治めようとするようなものだというわけである。この痛烈な議論は、実は朱子の議論の反転なのである。朱子は「観心説」(『朱子文集』巻六七)という議論の中で、我が心をもって我が心を治めようとするのが仏教であって、それは不可能だと論じた。朱子は、我が心の中に、天から賦与された「理」が確かにあるのであって、その「理」を支えとして「心」を治めていかなければならないと論を運んでいる。徂徠はこの朱子の修辞を踏まえて、「理」などという目に見えないものを軸にした朱子の思想も実は仏教と同じで、「心」をもって「心」を治めようとするものだと論難したのである。先に紹介した佐藤一斎の「心を把りて以て心を治む。これを聖学と謂ふ」という宣言は、あるいは徂徠のこの論難を踏まえて、さらにそれを切り返したものかもしれない。

仁斎は、「理」の立場は「刻薄」だとした。徂徠は、「理」には「定準」がない、つまり客観的な基準がないと言う。それに対して「礼」には、それぞれの儀礼・儀式に関して具体的で客観的な基準があるというわけである。また徂徠からすれば、朱子学が天下の「理」をすべて窮めるべきだというようなことを掲げるのも、不可能を強いるものでしかない。確かに古の聖人は、「天地と其の徳を合はせる」ほどに偉大だったから、我の性、人の性、物の性を尽くして「道」を作ったが、それは聖人だけに可能なことである。聖人ならざる人間は、「先王の道」を前提として、それを学ぶことに専念すればよい。徂徠の立場は、こう見てくると、客観的な文化の在りようとの関わりから「心」という問題に接近しようとしたものだと言えるだろう。徂徠は、本来的な意味で文化という名に値するものは、「先王の道」が実現している社会だけだと考えたのであろう。徳川の社会は、徂徠からすれば、本来の文化世界ではない。

では、そういう徳川社会にあって、人々の「心」はどうなっているのだろうか。徂徠は将軍である吉宗の下問に応じて書かれた『政談』という著作において、そういう問題に答えている。『政談』は、徳川社会の病理を鋭くえぐった書であり、そこでは、「治ノ根本」に帰ることしか打開策はないことが主張されている。では「治ノ根本」とは何か、それは

三代ノ古モ、異国ノ近世モ、亦我国ノ古モ、治ノ根本ハ兎角人ヲ地ニ着ル様ニスルコト、是治ノ根本也。

とされる通り、万人の土着である。現実は、人々が勝手に江戸に流れ込んでくるし、江戸の中でも居所を好きなように変えている。武士も、在地から離れて都市住民として城下町に暮らし、貨幣経済の中で「柔カナル風俗」になってしまったと徂徠は指摘している。最大の問題点は、貨幣経済の進展の中で、人々の共同性が失われて、自分のことにしか関心を持たない傾向が決定的になってしまったことである。そういう「心」の在りかたを、徂徠は「面々構《めんめんこう》」と名づけている。

人々郷里ト云者定ル故、親類モ近所ニ有レ之、幼少ヨリノ友達モ充満タレバ、自然ト親類友達ノ前ヲ思フテ悪事ハセヌ物也。

これが本来の在りかただったとすれば、徂徠の眼前の社会はどうだろうか。

当時（中略）店替ヲ自由ニシ、他国ヘモ自由ニ行キ、他国ヨリモ来リ其所ニ住コト自由ナレバ、日本国中ノ人入乱レ、混雑シ、何方モ皆仮ノ住居ト言者ニ成リ、人々永久ノ心ナク、隣ニ構ハズ、隣ヨリモ此方ニ構ハズ、（中略）人々面々構ニテ心儘《まま》ニ成ル也。

「自由」は、ここでは勝手気ままというマイナスの語である。経済が活性化して、その中から新しい社会の秩序が生まれてくるというようなことは、徂徠の理解ではない。「隣ニ構ハズ、隣ヨリモ此方ニ構ハズ」という表現が端的に語っているように、「相親しみ相愛し相生じ相成し相輔け相養ひ相匡し相救ふ」べき人間の共同性が崩されていると徂徠は見ている。主人と奉公人の関係も、親代々というような譜代の濃密なものではなく、金銭を媒介として、期限を短く限ったものが手軽でよいとされるようになった。これらすべての病理は、「土着」という古代の聖人の制度設計の基本が、徳川社会においては無視されているからである。万人の土着を前提にして、あるべき「礼楽」の制度を定める。これが徂徠の考え方であったが、現実の社会は「面々構ニテ心儘ニ」漂流するに任されている。

こうして徂徠は、「先王の道」を据えることで、人々の「心」を社会や文化との相関で捉えるという視角を打ち出すことができた。集団としての人々の「心」は、その時代の社会の在りようによって根底から左右されていく。この事実をしっかり対象化して見ることは、江戸の思想史で、徂徠が初めて力説したところである。

恋

国学は、契沖・荷田《かだの》春満《あずままろ》・賀茂真淵らを先駆者として、宣長によって大成された――

というのが、教科書風のまとめであるが、宣長という思想家の中には、他の誰とも分かち合えない、そしてそれなしには宣長が宣長ではないような強い思いがあったのではないだろうか。

本居宣長

宣長は、一七三〇（享保一五）年、伊勢国松坂に、江戸店《えどだな》を持つ木綿商の子として生まれた。商人として一度は社会に出たものの商売に向いていなかった宣長は、足かけ六年、京都で勉強して町医者となり、松坂に帰って開業する。それからは、昼は医師、夜は『古事記』や『源氏物語』をはじめとする古典の研究者としての二重生活を続けていくことになる。それは、一八〇一（享和元）年、享年七二の死に至るまで変わらない。もっとも愛した古典は『源氏物語』であり、『古今和歌集』に学び『新古今和歌集』を理想として歌を詠むことが楽しみであった。生涯にわたって詠みついだ歌の数は、一万首あまりという。宣長四五歳の時には杉田玄白らによる『解体新書』の公刊があり（一七七四・安永三年）、五四歳の時には、浅間山の噴火が引き金となった天明の飢饉が深刻な社会不安を招き、多くの餓死者が出て、各地で打壊しが起こっているから（一七八三・天明三年）、知的にも政治的にも大きな変容が予感されたのかもしれないが、宣長の生涯は、概して言えば、淡々として穏やかなものだったと思われる。

宣長の生涯に関連して、雑談を二つ。その一。伊藤仁斎は、京都の町人社会にあってひたすら『論語』と『孟子』をもとに思索して、京都の地を出ることはほとんどなかった。荻生徂徠は専ら江戸で活躍して、箱根を越えていない。そして学者としての宣長は、京都・名古屋(『古事記伝』は名古屋の書肆から刊行された)・和歌山(宣長は晩年、紀州藩から扶持米を受けている)を結んだ圏内に生きて、江戸の地を踏んでいない(ただし少年時代と青年時代、商人としての修業等では江戸に行っている)。すべてが東京に集中した近代日本からは想像できないような空間の配置が、そこにはあったのだろう。京都・大坂・江戸というそれぞれに個性のはっきりした三都、江戸と京大坂を結ぶ名古屋、あるいは長崎を発信源とした知のネットワークの発展が一方にあり、他方それぞれの地域の文化的個性が豊かに育まれている、その相乗が、宣長の人生を、大きく言えば江戸の思想史の豊かさを支えているように思われる。

その二。医師(医学者)と文学者の二足の草鞋《わらじ》という形は、ここから森鷗外・斎藤茂吉へ、さらに木下杢太郎《もくたろう》・北杜夫・加藤周一というように続いていく。「儒医」という言葉もあり、これは儒者と医者を兼ねた江戸時代の知識人を指す。こういう形が、どこか日本の文化的な伝統と深いところで繋《つな》がっているものなのかどうか、魯迅《ろじん》は医師になる道を捨てて文学に進んだが、漢字文化圏の他の地域でもこういった二足の草鞋の系譜が見られるものかどうか、考えてみる価値があるかもしれない。そしてまた、医師として患者と接する日常が、つまり人間の病《やまい》や死というものと常に接しながら生きたということが、宣長の思想形成にとってどういう意味を持ったのかということも、考えてみる価値のある問題だろう。

「歌の本体」

宣長は、医師となるための遊学を終えるにあたって、短い論文を書き上げた。歌とは何かを論じた『排蘆小舟《あしわけおぶね》』がそれである。未刊行の草稿ではあるが、そこには、若々しい文芸至上主義がはっきりと表明されている。十代の末から歌作に耽《ふけ》っていた宣長は、京都時代、医学の学習と並行して和学の勉強も積んでいて、その総括としてこの論文は書かれた。儒者の書く論文には見ることもできない典雅な題名は、『万葉集』(巻一二)の古歌「湊入《みなといり》の　蘆別《あしわけ》小舟　障《さわり》多み　わが思ふ君に　逢はぬ頃かも」に由来する。宣長は、蘆を別《わ》けながら進む小舟に自分自身を投影させたわけだ。

その冒頭、宣長はこう述べている。

歌の本体、政治をたすくるためにもあらず、身をおさむる為にもあらず、たゞ心に思ふ事をいふより外なし。

歌の本質、あるいは歌を詠むという行為の本質は、政治や道徳の役に立つというところにあるのではない。歌は、「心に思ふ事」を表現するという一点に尽きるというのである。決然として揺るがないこの宣言の根底にあるのは、政治や道徳など関係ない、自分の「心」が何より一番大事だという自我意識であろう。政治も道徳も、他者とのあるべき関係を問題にするが、自分の「心」が本当のところで何を思うかは、そういう次元とは関わらない別の世界のことで、政治や道徳の言葉でそこに介入するなと言うのである。

これは、大胆な主張であった。歌を詠むとはどういうことか、歌にはどういう意義があるのか――この問題については、『古今和歌集』の「仮名序」（紀貫之）に言い尽くされているというのが常識であり、そこには、こうあったのである。「やまとうたは、人のこころをたねとして、よろづのことのはとぞなれりける。世の中にある人、ことわざしげきものなれば、心におもふことを見るものきくものにつけていひいだせるなり。花になくうぐひす水にすむかはづのこゑをきけば、いきとしいけるもの、いづれかうたをよまざりける。ちからをもいれずして、あめつちをうごかし、めに見えぬおに神をもあはれとおもはせ、をとこをむなのなかをもやはらげ、たけきもののふの心をもなぐさむるはうたなり」。そもそも歌とは、「人のこころ」「心におもふこと」を「見るものきくもの」に託して、洗練された形式で表現したものである。そして歌を詠むことがなぜ尊いのかと言えば、それは、「人のこころ」「心におもふこと」が歌という様式の力によって自然界や幽冥界にまで届き、人間界に和合や共感・なぐさめ・優しさをもたらす不思議な徳を備えているからなのである。

少し視点をずらして言えば、こういうことであろうか。政治や道徳は、それとして限定された方法で世界に貢献するだろうが、その前提には、人々の中に穏やかで文化的な繋がりの実感がなければならない、それをもたらすものが歌なのである。政治や道徳は、完全にバラバラな砂粒の塊のような人間世界を想定してはいない。同じ時代を、同じように生きている人間同士だという感情の繋がりを前提としてこそ、政治は政治としての、道徳は道徳としての働きをなしうる。そして日本という舞台で言えば、和歌こそが、人々の間に共感や連帯の感情を養っているというのである。今も、年頭に歌会始が宮中で催されるのも、考え方としては、こういうところに由来しているのであろう。共通の題が与えられ、国の隅々から歌の応募があり（近年は、毎回ほぼ二万首の応募があるという）、無名の庶民の中からも優れた歌が選ばれ、宮中で披露される。最後に、天皇・皇后の歌が読み上げられ、皆で一年の無事を祈る。現実社会の色々な分断や対立を超えた一つの共同体としての穏やかな繋がりが、ここでは演劇的に確認される。それが可能なのは、ひとえに和歌の徳というものなのである。

「仮名序」はこういう硬い議論をしていないが、政治や道徳では果たせない次元で、和歌が人々を結び付けているという自負は、十分に伝わってくる。事実、この後、朝廷の文化的権威と和歌は、不可分一体のものとなっていく。「仮名序」のこうした主張は、「やまとうたは」という冒頭の一句が示しているように、詩（からうた）についての中国の議論を多分に意識しての立論である。詩は、単なる弄《もてあそ》びものではなく、人の志を励まし、天下国家に対する詩人の憂いや憤りを表現するものであった。それが詩であるなら、歌もけっして意味のない弄びものではないという主張である。大切なことは、「人のこころ」が「たね」となって、それが「ことのは」として表現されることそれ自体が尊いというのではなく、表現されたものが不思議な力（徳）をもって自然界・幽冥界・人間界に働きかけるから尊いとされている点である。史上初の勅撰和歌集に掲げられ（それまでは勅撰の漢詩文集が編まれていた）、以後八百数十年、誰も疑わなかったこの議論を念頭にして、「歌の本体、（中略）たゞ心に思ふ事をいふより外なし」を見れば、歌を詠むこと（感情表現）それ自体に意味を見いだそうとする宣長の思いが、いかに新鮮なものかが了解される。

宣長も、詠まれた歌に、結果として色々な効用があることは認める（例えば、為政者が歌を通じて人心や民情を知るというように）。しかしそれについては、政治や道徳の役に立つ歌もあるだろうが、他方それらの邪魔になる歌もあるというそっけない言い方で済ませて、さらにこう述べる。

悪事にも用ひられ、善事にも用ひられ、興にも愁にも思にも喜にも怒にも、何事にも用らる也。

歌は、「心に思ふ事」を詠むから尊い。それが、どういう効用を持つのかは、一義的には定まらず、状況の中で様々に受け取られていく。歌とはそういうものなのだ。「湊入の蘆別小舟　障多み……」は、万葉人が恋の歌として詠んだものだろうが、学問や研究という水路に漕ぎ出した身の一途さと不安とに重ねて味わっても構わない。それは味わう側の自由だ。歌は「何事にも用らる」るもので、その効用は、歌を詠むことの意義とは別な次元の問題だと宣長は言っている。宣長は「歌の本体」という言葉でもって、効用など二次的な問題であり、なぜ人は歌を詠むのか、人が生きることにおいて歌を詠むとはどういうことなのか、これに答えることが根本の問題だと言いたいのである。

恋の歌

その根本の問題に、宣長はどう答えようとするのか。宣長は、歌が連綿として取り上げてきた主題が「恋」であることを言う。

恋の歌の多きはいかにといへば、これが歌の本然のをのつからあらはるゝ所也、すべて好色の事ほど人情のふかきものはなき也、千人万人みな欲するところなるゆへにこひの歌は多き也。

これまで、なぜ「恋」を歌うのかを問題として論じた者は誰一人としていなかった。「恋せずば　人は心も　なからまし　物の哀も　是よりぞしる」（藤原俊成、後白河法皇の院宣《いんぜん》をうけて『千載和歌集』を撰進）とあるから、恋において人は深い情緒を味わうのだということは古くから言われてきた。「万《よろづ》にいみじくとも、色好まざらん男は、いと寂々《さうざう》しく、玉の卮《さかづき》の当《そこ》無き心地ぞすべき」（『徒然草』第三段）とも言われた。しかし「恋」、あるいは「好色の事」が、すべての人々の「人情」のもっとも深いところに潜むもので、歌は「心に思ふ事」を詠むものだから、当然「恋」の歌が多くなるはずだとは、宣長以前の誰も言わなかった。

これがどういう人間理解なのかといえば、善や誠を主題とした歌などはめったにない。それは、そういう道徳的な意識が、人間の心の表層を占めるものに過ぎないからだということなのである。悪や富貴を詠《うた》う歌もない。これも同じ理由である。宣長は「人間の思情のうち、色欲より切なるはなし」とも言う。

なぜ宣長は、ここまで言うのだろうか。かりに若い宣長に激しい恋、苦しい恋の経験があったとしても（そういう証明はされていない）、それで直ちにこういう議論が出てくるというものではないだろう。例えば『古今和歌集』全二十巻の部立てを見ても、春夏秋冬の歌が全部で六巻、恋の歌が五巻だから、確かに恋の歌は多いが、しかし恋だけから歌を論じることには無理があるとも言える。しかし、宣長はそうは見ない。なぜだろうか。花や紅葉、ウグイスやホトトギスを詠ってみたとしても、恋を知らぬ者には、しみじみとした深い味わいは詠えないということだろうか――そうかもしれない。

和歌は「仮名序」以来、詩が、文は単なる弄びものではなく道を載せるものだという強い社会性を誇ってきたことを横に睨んで、歌もそれに劣るものではないという意識を持ち続けてきた。詩に比べて、歌は軟弱なものだ、淫靡《いんび》なものだという視線を感じながら、いやそうではないと言いたいのだが、それを言い切れない。なぜ恋の歌が連綿と歌われ続けるのか、それを正面から論じられない。それは、中国の文学や文化の圧倒的な権威の前で、詩（中国文学）の伝統を相対化できないできたからである。しかし宣長の時代は、それを可能にさせる条件が揃ってきた。歴史的には、中国で異民族の王朝（清）が成立して漢民族の王朝（明）が打倒された。江戸時代に入って、ほぼ半世紀が過ぎようかという頃である。宣長が師事した賀茂真淵（一六九七・元禄一〇年～一七六九・明和六年）は、こういう中国史の展開を踏まえて、理詰めに構築された作為的な儒教体制が、実際には社会を混乱させ弱体化させせているという理解を示している。小賢しい理屈で固めた中国よりも、自然で大らかな日本の方が、穏やかで強いではないかというわけである。ここには、粗雑ではあっても中国文化を総体として批判的に捉え返そうという、かつて日本になかった発想の成立がある。真淵の前には伊藤仁斎や荻生徂徠が出ていて、中国の理想時代を遥か彼方の古典古代に置くことで、それ以降の中国の歴史をそこからの精神的・思想的な堕落の時代として描くことに成功していた。歌作に打ち込むことを最大の楽しみとしてきた青年宣長の前には、こうして中国文学の伝統から自由に、あるいは中国文学との批判的な比較において、歌の価値を押し出す条件が揃い出していた。

宣長によれば、「好色の事」は「千人万人みな欲するところ」なのであるから、中国人であっても同じように「人情」のもっとも深く切実なものとして恋を取り上げてよいはずである。ところが、詩では恋を取り上げない。実際には、『詩経』には恋の詩があるし、その後も、当たり前ながら、恋人への思いを述べた詩や、夫婦の愛情を詠んだ詩もある（白楽天「長恨歌」のように）。しかし、それが中国における詩、あるいは文学の伝統において中心的な主題であったのかと言えば、到底そうは言えない。どうしてそうなのかは大変に興味深い問題であるが、（『排蘆小舟』の段階ではまだそう強調をしないが、後になると）宣長の考えは明快で、中国の文学は偽善的だから恋を扱わないのである。

「人情」

宣長が「人情」をどう捉えていたのか、『排蘆小舟』をもう少し見てみよう。

さて人情と云ものは、はかなく児女子のやうなるかたなるもの也。すべて男らしく正しくきつとしたる事は、みな人情のうちにはなきもの也。

こうもある。

人の情のありていは、すべてはかなくしどけなくをろかなるもの也としるべし。

宣長は、人間の「心」の真実は、弱々しいもの、整ったものではなく、愚かしいもの、つまりは「児女子のやう」なものだと捉えている。正しく、きりっとしたものではない。正しく、きりっとしたものは、外面であって、取り繕《つくろ》われた世間向けの顔である。それは、相手に弱みを見せまいという虚勢《ポーズ》である。そういう虚勢は、もともと中国の士大夫風のものであるが、儒教を中心とする中国文化の影響で日本にも広がり、とくに武士社会のタテマエはその一本やりだとも宣長は言う。

心の本当の姿、つまり人情のはかなさ・しどけなさ・愚かさが、もっとも痛切に表れるのは、恋においてである。恋は、それまでの自分の確かさを激しく揺るがし、自分というものの輪郭が自分にも捉えられなくなってしまう、そういうところに自分を押しやってしまう。世間に向けて発信してきた自分の顔などというものが、いかに意味のないものであるか否応なしに思い知らされる。身近な人の死も、また同じように人を揺さぶるだろうが、自分が自分でなくなるような、自分でも自分が分からなくなってしまうような不安や、自分の中にまだそういう自分がいたのかという驚き、ある場合にはそういう自分に出会った喜び、これらは恋ならではのものである。そして、それが世の中の制度や道徳とぶつかった時、心のはかなさ・しどけなさ・愚かさは、自分にとっても隠しようがない。宣長は、言葉を続ける。

ことに人の妻を犯すなと云事は、竹馬《ちくば》の童もあしき事とはしる事也、しかるにこの色欲は、すまじき事とはあくまで心得ながらも、やむにしのびぬふかき情欲のあるものなれは、ことにさやうのわざには、ふかく思ひ入る事ある也。

道ならぬ恋こそ、思いの深い「やむにしのびぬ」恋なのである。そして宣長は、

それを忍ひつゝしむは、よきは勿論也、えしのびあえずして、色にいで、あるはみだりがはしき道ならぬわざをもするは、いよ〳〵人情の深切なる事、感情ふかき歌のよつて起る所也。

と言ってのける。人情のもっとも深く切実なものは、世間に言うところの不倫の恋であり、「感情ふかき歌」はそこから生まれる、これが宣長の主張である。『排蘆小舟』は、まさに

これを言うために書かれたのではないだろうか。実社会に入る前に宣長は自らの文芸上の信念として、これだけは言っておきたかったのではないだろうか。

「物の哀」を知る

「みだりがはしき道ならぬわざ」をする者が、すべて「感情ふかき歌」を詠むというわけではない。宣長も、漁色家《ぎょしょく》が素晴らしいと述べているわけではない。恋において、自分の心の奥底にあるはかなさ・しどけなさ・愚かさに向き合い、そのありのままの姿、「心に思ふ事」を表現することが素晴らしいとするのである。この点を『排蘆小舟』の中で宣長は、

欲と情との差別あり。欲はかりにして情にあつからぬ事あり、欲よりして情にあつかる事あり、又情よりして欲にあつかる事あり、情はかりにして欲にあつからぬ事あり。この内歌は情よりいづるものなれは、欲とは別也。欲よりいつる事も情にあつかれば歌ある也。さてその欲と情とのわかちは、欲はたゞねがひもとむる心のみにて、感慨なし。情はものに感じて慨歎するもの也。恋と云ものも、もとは欲よりいづれども、ふかく情にわたるもの也。

と述べている。情欲や欲情という熟語もあるが、宣長は、情と欲は別なものだとする。情

も欲も、「心」の深いところにあって人を動かすものだろうが、欲はただ何かを得たいと思う衝動であって、そこには何の「感慨」もない。情は、そこに「感慨」が伴う。「感慨」とは、しみじみとした思いに「心」が深く揺さぶられることだろう。恋も、欲に根ざすものではあるが、それが恋であるためには、そこに「感慨」がなければならない。漁色においては人は自分の確かさを疑わないが、恋ならば、とくに不倫の恋ならば、それまでの自分なりの確かさは動揺し、時には、もう消えてなくなりたいとも思うものだろう。この「感慨」が、「物の哀《あわれ》」である。

『排蘆小舟』では、「物の哀」という言葉は本文中に一箇所、頭注として一箇所用いられただけであるが、京都から松坂に帰って六年、三四歳の宣長は、『源氏物語』論として『紫文要領』を著した。そこでは、この言葉が文芸の本質を示すものとして全面に出てくる。物語とは何か、この『紫文要領』で宣長は、

たゞ世にあるさま〳〵の事をかけるものにて、それをみる人の心も、(中略)むかしの事を今の事にひきあてなそらへて、昔の事の物の哀をも思ひしり、又をのか身のうへをも昔にくらへみて、今の物の哀をもしり、うさをもなくさめ、心をもはらす也。

と述べて、「それをみる人」が話の展開や登場人物に共鳴することで、自らの鬱屈がなぐさめられ、思わず「心」が晴れる、それが物語なのだとする。そしてそれは、英雄豪傑の

活躍に胸躍らせる時よりも、しみじみとした「物の哀」において一層切実なのである。そしてまた、

「とかく物語をみるは、物の哀をしるといふが第一也」とも宣長は言っている。

物の哀をしる事は、物の心をしるよりいて、物の心をしるは、世の有さまをしり、人の情に通するよりいつる也。

とも説かれるから、「世の有さま」と「人の情」に通じることとが、「物の哀」を知るためには必要だというのである。様々な経験を経ることで、人としての共感の能力が身に付くということだろうか。宣長は、こうも言う。

見る物聞物につきて、哀也共かなし共思ふが、心のうごくなり。その心のうごくが、すなはち物の哀をしるといふ物なり。

「心のうごく」こと、ああそういうことか、そういうこともあるだろうなあという共感をもって深く「心」が揺さぶられること、それが「物の哀」を知るということなのだろう。

宣長には、喜怒哀楽の中でも「哀」への思いが強い。宣長の関心は、笑いの文芸や、俳諧のような世界には向かず、先には「感慨」と言われ、ここでは「心のうごく」と言われた「人の情」のもっとも深切なものを、一貫して、「哀」や「かなし」という感情に求めている。「かなし」について見れば、現代語の「かなしい」とは違って、「いとおしい・か

わいい」というような意味も含む広い言葉であるが、感情が押し止どめがたいものとして痛切であり、自分の力や意志ではどうにもならないものとして感じる切なさが根底にある言葉である。物語は、「物はかなくしどけなげ」であり、「すこしもさかしだちかしこげなことがなく、「人情の有のまゝ」を書き尽くしたものであるから素晴らしい。自己の賢《さか》しらを疑わず、人間を動かすものは理知や意志の力だと思っている者には、「物の哀」を知ることはできない。

こういう議論を見てみれば、『排蘆小舟』で示された考え方がますます宣長の深い確信となって定着していることが分かるし、人間の「心」というものが、自分ではどうしようもないものとして動いてしまい、自分がそこで驚き、不安になり、翻弄されるままになっている、そういう人間の弱さや愚かさをそのまま表現することが、他者の感動を呼ぶという事実が新たに強調されていることに気づくのである。言葉や文章をもって、人と人とが共感するという事実が、宣長の前にある。若い宣長は、どう受け取られるかは二次的な問題で、なぜ歌を、とくに恋の歌を詠むのかを問うた。医師として社会に出て経験を積み、家庭も持った宣長は、文芸を論じる視界を広げて、「人情の有のまゝ」を書くことが、読み手の共感を招き、そこで人間同士の「心」が、時には数百年の時間を超えて響き合うことの感動を讃えている。

『源氏物語』

『紫文要領』は『源氏物語』について、

源氏君をはしめとして、其外のよき人とても、みな其心はへ女童のことくにて、何事にも心よはくみれんにして、男らしくきつとしたる事はなく、たゝ物はかなくしとけなくおろかなる事おほし、いかてかそれをよしとはするや。

という問いを立てている。光源氏をはじめ、「心弱く」「未練」たらしい男ばかりが登場して、「物はかなく」「しどけなく」(締まりがなく)「愚か」な内容ではないかというのである。事実、『源氏物語』は好色で反道徳的なものだという議論も江戸時代には強かったのである。戦時中も、宮中のスキャンダルを描いたものとして正面から論じるのを憚《はばか》るような雰囲気があったということだが、『源氏物語』は歴史を通じていつも日本文学の最高の古典として尊重されていたわけではなかった。これに対して宣長は、「おほかた人のまことの情」「実の心」は、まさに「物はかなく」「しどけなく」「愚か」なものではないのかと切り返している。

歌物語は、其善悪邪正賢愚をばえらはず、たゝ自然と思ふ所の実の情をこまかにかきあらはして、人の情はかくの如き物ぞといふことを見せたる物也。それを見て人の実の情をしるを、物の哀をしるといふなり。

『源氏物語』の主人公である光源氏は、常識や倫理の立場からすれば「淫乱なることとあげていひがたし」とすべき人物である。空蟬《うつせみ》をはじめとする人妻たちとの関係もそうだが、藤壺との密事に至っては「無類の極悪」と言わなければならない、これは宣長も認める。しかしその光源氏が、漁色家ならざる「よき人」であるのは、「人情にかなひて物の哀をしる人」だからなのである。

物の哀をいみしういはんとては、かならず淫事は其中におほくまじるへきことはり也、色欲はことに情の深くかゝる故也。

光源氏だけではなく、『源氏物語』で紫式部が「よき人」として描いた人物は、すべて同じだとも宣長は言う。彼らは、自らの弱さや愚かさを隠さない。後悔することはあっても、それを取り繕うことはしない。読み手は、そういう弱さや愚かさの中に、自分の姿、あるいは自分もそうであったかもしれない、これからそうなるかもしれない姿を見て、ああそういうことか、そうかもしれないなあという深い思いに駆られて「心のうごく」ことが止まらない。

宣長は、「心」がもっとも深いところで動くのは、恋をした時だとした。では、なぜ人は、恋心を歌に詠もうとするのだろうか。あるいは、恋に翻弄される人物を造形して、物語を作るのだろうか。そして、そういう人物の物語を読みたいと思うのは、なぜなのだろうか。

それは人を好きになるということが、人間の力ではどうにもならないくらいに不思議なものであって、恋心の深層や、恋に翻弄されるということがどういうことなのか、誰にも分からないからではないだろうか。恋をしている当人にも、人物を造形して物語を書いている作者にも、もちろん読者にも。その正体がすっかり分かっていれば、人は歌を詠んだりはしないだろう。物語の作者は、自分が理解したことを分節化して読者に説明したり、何かを論理的に証明するために書くわけではない。歌を詠むとか物語を書くという行為は、詠い、書くことで、自らも手探りで何かを探り、確かめているということなのではないだろうか。詠まずにはいられないから詠む、書かずにはいられないから書くというのは、そういうことなのではないだろうか。そして、読み手として歌や物語を味わうというのは、手探りで何かを探り確かめていくという行為に付き合うことなのではないだろうか。

宣長の見るところ、人間の「心」というものは、儒教や仏教の教えが届かない深層において、弱く・はかなく・愚かしいものである。確かに人間が社会生活を営むためには、道徳も政治も不可欠であり、善行を積めば永遠の安らぎの世界（仏国土）に生まれ変われるという信仰も場合によっては必要なのかもしれない。私たちはその規範や制度の中で、家族や友人と繋がり、地域という場でそれを守って生きていく。人様に後ろ指をさされることなく生きていくことは大変なことだから、私たちはそれで手一杯であるし、それは尊いことである。宣長も、医師として、家庭人として、誠実に生きていった。医師としての宣長、家庭人としての宣長、誰もが「何々としての誰々」というはっきりとした輪郭を伴《ともな》った役割を受け持つのが、社会生活というものだろう。しかし、それだけが人間ではない。日常の自分が見ていない、それは敢えて見ようとしないのかもしれないし、見たくても見えないのかもしれないが、別の自分が心の深いところには潜んでいる。それが、否応のない形で――時には倫理や秩序にぶつかりながら――自分にもどうしようもない力でもって立ち現れるのが恋だ、こう宣長は捉えている。そこにあるのは、「何々としての誰々」では納まらない、自分の中の何ものかである。そして弱さ・しどけなさ・愚かさのままの自分の中の何ものかに向き合うことから、恋の「感慨」が生まれる。こういう経験をくぐれば、おそらく同じ桜でも、昨日までとはまったく違って見えるのであろう。何でもない人々の日々の感情生活にも、より深い共感を持てるようになるのだろう。宣長の言う「物の哀をしる」とは、そういうことであろうか。

悪

「こころ」について、宣長は何を見ていたのか。文芸の世界から離れて、そのライフワークと言うべき『古事記伝』の中から宣長の思いを探ってみよう。

神とは何か

『源氏物語』や『古今和歌集』『新古今和歌集』といった王朝文学、いわば「物の哀」の世界と並んで、『古事記』の神々の世界は、宣長が生涯を賭けて明らかにしようとした対象である。宣長の思想は、比喩的に言えば、この二つの世界を中心とする楕円《だえん》形を描いている。『古事記』全文の注釈書としての『古事記伝』は、後半の人生三十余年を費した、宣長の古典学者としての傑出した業績であり、一方での言葉・語義に対する広く緻密な考証、他方での大胆な思想的解釈、この共存は今でも『古事記伝』を読む者を興奮させる。しばらく、「神」についての宣長の議論を追いかけてみよう。

宣長は、

迦微《カミ》と申す名義《ナノココロ》は未《ダ》思《ヒ》得ず。（『古事記伝』、ルビ・送り仮名は原文に基づく、以下も同じ）

として、神をなぜカミと言うのか、それは分からないとした。カミの語源について、「神」は「上」に由来するとか、「鏡」が短縮されて「神」となったとか、「畏《かしこ》み」の省略されたものだとか、色々な解釈がなされてきたが、すべて信頼するに足りないということである。

その上で、

さて凡て迦微《カミ》とは、古御典等《イニシヘノミフミドモ》に見えたる天地の諸《モロモロ》の神たちを始めて、其《ソ》を祀《マツ》れる社に坐《ス》御霊《ミタマ》をも申し、又人はさらにも云《ハ》ず、鳥獣《トリケモノ》木草のたぐひ海山など、其余何《ソノホカナニ》にまれ、尋常《ヨノツネ》ならずすぐれたる徳《コト》のありて、可畏《カシコ》き物を迦微《カミ》とは云なり。

と説いている。神とは、『古事記』や『日本書紀』などに名前が見える神々、各地の神社に祭られている神々をはじめとして、人はもちろん、何であれ「尋常」ならざるパワーがあって畏怖すべきものはすべて神だということである。そして、この「すぐれたる」について、宣長は説明を補っている。

すぐれたるとは、尊《タツト》きこと善《ヨ》きこと、功《イサヲ》しきことなどの、優《スグ》れたるのみを云に非ず、悪《アシ》きもの奇《アヤ》しきものなども、よにすぐれて可畏《カシコ》きをば、神とは云なり。

善悪といった基準には関わりなく、「尋常」ならざるものは、すべて神なのである。雷、竜、樹霊《コダマ》、狐、狼、虎なども「すぐれてあやしき物にて、(中略)神なり」とされる。海や山についても、海や山の「御霊」という抽象的なものが神なのではなく、「いとかしき物」として海や山それ自体が神なのだとする。そして、「人の中の神」としては、まず天皇が挙げられる。「かけまくもかしこき天皇は、御世々々みな神に坐《ス》こと、申すもさらなり」と宣長は言っている。続けて宣長は、「次々にも神なる人、古《ヘ》も今もあることなり」として、天皇だけではなく、「神なる人」は他にも大勢いて、今もそういう人がいるとして、「一国一里一家の内につきても、ほど〳〵に神なる人あるぞかし」とも言う。天皇は「神なる人」だから下々とは別だという発想ではなく、どこであっても「ほど〳〵に神なる人」がいるのである。東照大権現として祭られている家康をはじめとする権力者や、芸能者や職人などで尋常ならざる技芸・才能を持っている者を思い浮かべればよいのだろうか。また宣長は、「神代の神たちも、多くは其代の人にして、其代の人は皆神なりし故に、神代とは云なり」とも言う。こう見てくれば宣長は、神と人との間に、人間の理知によって境界線を引くことを拒んでいるように思える。そして、神は尊いもの、正直者を守ってくれるものというような通念を厳しく斥ける。

迦微《カミ》は如此《カクノゴト》く種々《クサグサ》にて、貴《タフト》きもあり賤《イヤシ》きもあり、強《ツヨ》きもあり弱《ヨワ》きもあり、善《ヨ》きもあり悪《アシ》きもありて、心も行《シワザ》もそのさま〴〵に随《シタガ》ひて、とり〴〵にしあれば、（後略）

と述べられるように、神々も貴賤・強弱・善悪、色々だとされる。しかも、「悪《アシ》く邪《ヨコサマ》なる神」であっても心なごむ時があり、そういう時には「物幸《サキ》はふること」がないではなく、逆に「善キ神」であっても、荒ぶる時がないではないとする。いずれにしても、宣長の強調するのは、

凡て人の智《サトリ》は限リありて、まことの理はえしらぬものなれば、かにかくに神のうへは、みだりに測《ハカ》り論《イ》ふべきものにあらず。

とあるように、神は不可知なものであって、人間の理性や思慮の及ぶものではないということであり、人間は「たゞ其ノ尊きをたふとみ、可畏《カシコ》きを畏《カシコ》みて」いるしかないものとされる。ただ畏怖すべきものを畏怖するだけだというのである。

先にも紹介したが、中世から近世を通じて諺《ことわざ》のようによく言われたのは、「正直の頭《こうべ》に神宿る」であり、よく引かれた歌は、「心だに　まことの道に　かなひなば　祈らずとても　神や守らん」であった。正直に生きていればきっと神様が見ていてくださり、いつか

必ず神様の加護が与えられるだろうというのであり、「心」さえ誠実であれば、特別な祈りを捧げなくとも必ずや神様の加護を受けることが出来るだろうということである。こういう感覚は、つい最近まで、庶民の世界には生きていた。ここで想定されている神は、人間世界の、あるいは世俗世界の価値観の延長上にある神である（度会延佳や山崎闇斎の捉えた神も、このような倫理的価値観に連なるものだった）。正直や誠実を、神もまたよしとして、それに見合う幸いを与えてくれる。逆に、背徳の者には相応の罰を与えもするのだろう。

いずれにせよ、そういう神は、人間との間に深い断絶を持っていない。いわば、人間の「心」と等身大の神である。そういう神の観念と、宣長が描く神との違いは非常に大きい。宣長は、何か願《がん》を掛けて、お祈りをして、願が叶ったならお礼参りをするというようなものとして、神を捉えてはいない。また、神は人間の行動を上からすべて見通していて、邪悪な者には罰を与え、正直な者には幸いをもたらすというような見方には一片の共感も寄せてはいない。宣長にとって、神とは、畏るべき不可知なる存在というに尽きるのである。そしてそういう神々の力に包まれて、人間の生活はある。

善と悪

ここからは、『古事記』の内容に即して、宣長の描く神々の世界を見ていこう。『古事記』は、イザナキが黄泉の国から地上世界に逃げ帰って、「筑紫の日向《ひむか》の橘の小門《おど》の阿波《あは》岐原《ぎはら》」で「禊ぎ祓ひ」をする場面を、こう伝えている。イザナキが身にまとっていたものを次々と脱いでそれらから一二柱の神々が生まれた、その次である。

ここに詔《の》りたまひしく、「上《かみ》つ瀬は瀬速《せはや》し。下《しも》つ瀬は瀬弱し」とのりたまひて、初めて中つ瀬に堕《お》り潜《かづ》きて滌《すす》ぎたまふ時、成りませる神の名は、八十禍津日《やそまがつひの》神。次に大禍《おほまが》津日《つひの》神。この二神《ふたはしら》は、その穢繁国《けがらはしきくに》に到りし時の汚垢《けがれ》によりて成れる神なり。次にその禍《まが》を直《なほ》さむとして、成れる神の名は、神直毘《かむなほびの》神。次に大直毘《おほなほびの》神。次に伊豆能売《いずのめの》神。

イザナキが黄泉の国で身に帯びてしまった「汚垢」からマガツヒノカミが生まれ、その「禍」を直すべき神としてナホビノカミが生まれたというのである。ここに登場するマガツヒノカミとナホビノカミとは、それぞれどういう神なのだろうか。それは、よく分からないと答えるしかない。なぜならば、これらの神は、この後『古事記』にはまったく登場しないからである。『日本書紀』でも、この点で変わりはない。

では、これらの神はどのように解釈されていたのだろうか。解釈の歴史は、宣長以前と以後でくっきりと分かれる。宣長に先立つ時代、もっとも勢いのあった神道思想は、山崎闇斎の神道説を奉じた人々の唱えた垂加《すいか》神道であるが、その垂加神道では、人間が何か間違い（マガゴト）を犯した時に、その間違いを間違いとして認識する働きは、マガツヒノカミが受け持つとし、次に、その間違いを正し、あるべき姿に回復させる働きを、ナホビノカミが受け持つのだと説明した。人間が、自らの心の曇り、規範からの逸脱を自覚する過程の象徴としてマガツヒノカミを捉え、その曇り、規範からの逸脱を晴らす実践の象徴としてナホビノカミを理解したわけである。人間は、まず問題の在りかを正確に知り、知った上でそれに正しく対処するという一連の順序を踏まなければならないという儒教的（朱子学的）な発想が色濃く出ている解釈である。正しく知ることが出来れば、正しく対処するのは当然だということでもあって、垂加神道の説明からは、マガツヒノカミとナホビノカミはまさに一続きの神であるように感じられる。ただし垂加神道で、これらマガツヒノカミとナホビノカミが、その世界観の上で重要な神として意識されていたかといえば、そうは言えない。神話の解釈として、そう説明したということにとどまる。

では、宣長はどうだろうか。宣長は、

さて世間《ヨノナカ》にあらゆる凶悪事邪曲事《アシキコトヨコサマナルコト》などは、みな元《モト》は此ノ禍津日ノ神の御霊《ミタマ》より起《オコ》るなり。

として、人間世界の邪悪な事がらは、すべてその由来はマガツヒノカミにあるのだと主張する。『古事記伝』は、一つひとつの言葉について、丁寧に古代の用例を集め、その読み・語義を定めながら文章の内容を吟味していった画期的な書であり、その意味で文献実証的な態度が貫かれていることで高く評価されるべきものである。今でも『古事記』を読むためには、『古事記伝』を参照しないわけにはいかない。その一方で『古事記伝』には、かなり力ずくで文意を定めて動じないところもある。この場面でのマガツヒノカミやナホビノカミについての説明などはその典型であり、有無を言わさずにこうなのだという姿勢である。宣長の断定するところでは、マガツヒノカミは、地上世界に邪悪なものをもたらす神であり、ナホビノカミは、「直毘《ナホビ》とは、禍《マガ》を直したまふ御霊《ミタマ》の謂《イヒ》なり」であって、その邪悪なものを直す（元に戻す）神である。垂加神道では、マガツヒノカミとナホビノカミとは、同じ方向を向いた一続きの神であったが、宣長はそれを一対の、しかし反対方向に働く神とした。そして人間世界の悪の由来、悪からの回復に関わる重大な神としてこの二神を読み替えたのである。

宣長は、世の中のあらゆる「凶悪事」は、すべて黄泉の国の「汚穢《けがれ》」を淵源として起こるものであるから、「凶悪事」をキタナシと言うのだとする。古代の文献で表現される「黒心」「濁心」「悪心」などがすべてキタナキココロと読まれるのも、ここに基づいている。そしてその「汚穢」を滌《そそ》ぎ清めることが「禍を直す」ということである。世の中のあらゆる「吉善事《よきこと》」は、すべてこのイザナキの「御禊《みみそぎ》」によって、正確にはこの時の禊によってナホビノカミが生まれたことによってもたらされる。

つまり宣長から見れば、災厄という悪も倫理的な悪も同じ悪なのであって、その由来は、黄泉の国の穢れがマガツヒノカミによってこの世の中に持ち込まれたことにある。その反対に、「吉」と「善」も合体して一つのものとなる。天災や病気の流行、様々な禍々《まがまが》しい事件、政治的な暴虐、個々の人間や人間集団が犯す非人倫的な悪行や過ちなどなど、これらは、すべて一つのカテゴリーに包まれるべきものである。なぜならば、それらの由来は、一つなのであるから。放置しておけば、世の中は、これらの「凶悪事邪曲事」で満ち満ちてしまうだろうが、マガツヒノカミの後にナホビノカミが生まれ、マガツヒノカミがもたらした「凶悪事邪曲事」を直してくれる、「凶悪事邪曲事」のなかった元の状態に回復させてくれる。これが宣長による、イザナキの「禊ぎ祓ひ」の段の解釈である。この段でしか登場しない、しかもこの段においてもただ名前だけが挙げられていて、別にそれ以上ではなかったマガツヒノカミとナホビノカミに対して、宣長は、それまで誰も考えもしなかった、何と深い思い入れを持ったことだろうか。

さて、この「禊ぎ祓ひ」の後で、イザナキが目と鼻を洗う。左目を洗った時に生まれたのがアマテラスオホミカミであり、右の目を洗った時に生まれたのがツクヨミノミコトであり、鼻を洗った時に生まれたのがスサノヲノミコトであった。イザナキは、この「三貴子」の誕生を喜び、アマテラスには「高天原《たかまのはら》」を、ツクヨミには「夜之食国《よるのをすくに》」を、スサノヲには「海原《うなはら》」を治めることを委任した。こうして日の神（アマテラス）は昼、月の神（ツクヨミ）は夜を治めて、ともに天上世界にいる。スサノヲが治めるべき「海原」とは、文字通りに海上世界のことである。とすると、この地上世界は誰が治めるのか。宣長によれば、

此ノ国土をば遺《ノコ》して、徒《ムナシ》くし給へるは如何《イカニ》と云に、豊葦原之水穂ノ国は、我《ガ》御子之所《シラ》知《サム》国なりと、後に天照大御神の詔へるを以思へば、もとより後に皇御孫ノ命の所知看《シロシメ》すべき、深き所以《ユヱ》ありけることとなるべし。

つまり、「三貴子」が生まれた時点では、この地上世界を治めるべき者は括弧に入れておいて定めなかったが、それは後になって、「皇御孫命《スメミマノミコト》」が治めるべくアマテラスが定めることになるからなのだというのである。それは話の後の展開を知っているから言えることではないのか、こう突いてみたくなるところであっても、宣長からすれば、それが小賢しい発想なのであって、そこには神々だけが知る「深き所以」があってのことだと受け取るべきなのである。

死

さて『古事記』は、スサノヲを含めて「三貴子」と呼ぶが、宣長は、スサノヲをはっきり「悪神」だと規定している。つまり宣長の見解では、「三貴子」は「三貴子」と呼ばれ

ながらも、まるごと純粋に欠陥のない讃えられるべき神々だとされるわけではない。

　さて月日ノ神の善《ヨキ》は天《アメ》に、須佐之男ノ命の悪《アシキ》は、終《ツヒ》に根ノ国に帰《オモムキ》賜へる、その善《ヨキ》神と悪《アシキ》神との、御誓《ミウケヒ》の中に生坐《アレ》る御子の御子の、此ノ天ノ下を永く所知看スこと、又深き所《ユ》以《エ》あるべきものなり。

と述べられるように、「三貴子」の中でも善神であるアマテラスとツクヨミは天上世界に、悪神であるスサノヲは、母の国である「根国」に行きたいと泣き叫び、最後には「根国」に帰っていった、そして地上世界は、善神アマテラスと悪神スサノヲの「誓約《うけひ》」によって生まれた「御子の御子」（アマテラスの孫であるニニギノミコト）の血統が治めることになると捉えている。ここでの問題は、なぜ宣長がスサノヲを「悪神」と見たのか、「三貴子」とはっきり書かれている神々の中になぜ「悪神」を入れたのかである。

　宣長は、

　凡て世間《ヨノナカ》のありさま、代々時々《ヨヨトキトキ》に、吉善事凶悪事《ヨゴトマガコト》つぎ〳〵に移《ウツ》りもてゆく理リは、大きなるも、小《チヒサ》きも、【天ノ下に関《アヅ》かる大事より、民草の身々《ミミ》のうへの小事に至るまで、】悉《コトゴト》に此ノ神代の始メの趣に依るものなり。（原文中の細注を【】で表す）

と述べている。人間世界で、天下国家の次元から庶民の人生の浮き沈みまで、「吉善事」と「凶悪事」が入れ替わって起こるのは、「神代の始」の在りようによるのだというのである。「凶悪事」の始まりは、イザナミが火の神カグツチを生んだために亡くなったことである。この時、善神であったイザナミは悪神になってしまったのだとも宣長は言っているが、そう言われる「善」「悪」は、倫理的なものではなく、生の世界から死の世界に行ってしまったというようなことであろう。そのイザナミが「移《ウツ》り往《イデマシ》て、（中略）永く止坐《トドマリマス》国」となった黄泉の国は、「世間《ヨノナカ》の凶悪《マガコト》の帰止《ユキトドマ》る処にして、又世ノ間の凶悪《マガコト》の出来る処なり」とされるように、そこにイザナミがいることによって、人間世界に様々な「凶悪事」をもたらす元凶とされる。そして宣長はこう言う。

> 此ノ三柱の中にも、なほ須佐之男ノ命は、悪《アシキ》神にまし〳〵て、荒《アラ》び傷害《ソコナ》ひたまふは、かの伊邪那岐ノ大神の、始終善《ハジメヲハリヨキ》神にましませども、なほしばしは穢悪《マガコト》に触《フレ》たまひし理によれり。

スサノヲが、荒ぶり周囲を損なう暴虐の神であるのは、イザナキが黄泉の国の穢れに触れたこととの結果なのである。善神イザナキも、不本意ながら地上世界に穢れを持ち込んでしまい、予期せざる悪神スサノヲを生んでしまった。いずれも尋常ならざる力を持ったアマテラス・ツクヨミ・スサノヲの三柱の神々の絡み合いによって、結果的には、天上と地上の世界の秩序が成立したのだから、この三柱の神々は「三貴子」なのである。しかし、そこにも「吉善」と「凶悪」の契機が混在していると宣長は考える。それはつまり、世間《ヨノナカ》のあるかたち何事も、吉善《ヨゴト》より凶悪《マガコト》を生《ナ》し、（中略）凶悪《マガコト》より吉善《ヨゴト》を生《ナ》しつゝ、（中略）互《タガヒ》にうつりもていく理《リ》をさとるべく、（後略）

と述べるように、「吉善」と「凶悪」とはまったく別なものではないし、どんな物事であっても、「吉善」の中に「凶悪」の契機が潜み、逆もまた言いうることを示している。それは、「天下に関かる大事より、民草の身々のうへの小事に至るまで」例外なしにそうなのである。また、「吉善」をもたらそうと思って行なった行為であっても、そこに「凶悪」が混じってしまうこともある。いずれにせよ、「吉善」と「凶悪」の組合せは簡単ではないし、まして人間の知恵でもって、それらを整序したり思い通りに取りさばこうなどということが出来るものではない。

スサノヲは、荒ぶる神である。まず、「海原」を治めよとイザナキに命じられながら、母の国（根の堅州国＝黄泉の国）に行きたいと泣きじゃくり、そのため「青山」も「枯山」となり、「河海」も干上がり、多くの他の悪神が跳梁して「万《よろづ》の物の妖《わざはひ》」が起こった。次に、アマテラスに別れを告げるために天上世界に昇る時、その猛々しさのあまり、「山川」は動揺し「国土」は激震したという。さらにアマテラスとの「誓約」の結果に「我勝ちぬ」とばかり舞い上がったスサノヲは天上世界において、「勝さびに、天照大御神の営田《つくだ》の畔《あ》を離《はな》ち、その溝を埋《うづ》め、またその大嘗《おほにへ》を聞こしめす殿《との》に屎《くそ》まり散らしき」という暴れようであった。これらが「凶悪」の内容であるが、宣長は、こういう「凶悪」の最中には、どんな善神であっても、なすすべなく、じっと耐えるしかないのだと言う。そして宣長は、

さてなほ此大御神（アマテラス）すら、須佐之男ノ命の荒《アラ》びに得堪《エタヘ》たまはで、しばらくは障《サヘ》られたまふこともありしは、世《ヨ》ノ中《ナカ》に大乱《イミシキミダレ》大逆事《イミシキマガコト》も、必なくてはえあらぬ理リにて、其ノ本は皆黄泉《ヨミ》の凶悪《ケガレ》より出るなり。

とする。「必なくてはえあらぬ理」とは、甚大な災害や暴虐などは、ないにこしたことはないのだが、そうはいかないものだということだろう。黄泉の国が厳然として存在し、そこから「凶悪」の契機は避けようもなく入ってくる。それによって、マガツヒノカミが力を得て、それが例えばスサノヲの荒ぶりとして顕在化する。その荒びようは、アマテラスでさえどうにもならないほどであって、それが鎮まるのをただ待つしかないのである。それは、理不尽と言えば理不尽であろう。しかし「世間」「世中」とはそういうものだ、こう宣長は言う。それがどうしてなのかは、「人の智は限リありて、まことの理はえしらぬもの」なので、人間にはは分からない。

要するに、天災や病気、禍々しい事件、政治的な暴虐、非人倫的な悪行や過ちなど、これらすべては、根源的には黄泉の国（死者の世界）の穢れに由来するものであり、その穢れによってマガツヒノカミが荒ぶることで発生する。そうである限り、避けることの出来

ないものとして、私たちはそれらを受け容れなければならない。私たちに打撃を与えるものは、すべて「悪」なのであって、それは黄泉の国という、外部からやってくる。黄泉の国を滅ぼして、「善」一色の世界にすることは出来ない。イザナミがカグツチを生んで、つまり地上世界に「火」という恩恵を残して、その代償として死んだ。この時、「死」が発生した。そして死は、この地上世界で常に発生し続ける。イザナミが、イザナキとの別れにあたって「一日《ひとひ》に千頭《ちがしら》絞《くび》り殺さむ」と宣言して、死の世界に生者を引き寄せるからである。こうして避けることの出来ない「禍」が発生したのである。「死」という「禍」こそは、個々の人間にとっては、最大の打撃ではないだろうか。いつどういう形で襲われるか分からない自分の死、重い病気にあればひたひたと迫る自分の死、親しい者の死、無辜《むこ》の人々の死、抵抗力の弱い子どもや老人の死、流行病や災害・戦争などでの大量死……政治的な「悪」や倫理的な「悪」も、結局はこの「死」という「禍」に繋がっていくのではないだろうか。政治的な秩序の攪乱は、場合によっては内乱や戦争を引き起こすかもしれないし、そうなれば多くの者が死ぬことになる。倫理的にも、例えば誰かを裏切るという行為は、その人の精神的な安定を崩させるだろうし、それが極限にまでいけば、その人を死に追いやることもないわけではない。

宣長の前に立ちはだかっていたのは儒教、とくに朱子学の考え方であったが、そこでは

「悪」は克服すべきものであった。倫理的にも政治的にも、「悪」はなくすべきものであった。一人ひとりの人間の「心」にも、その集合としての社会にも、本来的に美しい秩序があるはずだと考える朱子学では、その秩序の美を歪めてしまう欲望の過剰が「悪」である。放っておけば人間は欲望に引きずられるから、不断の学習と自己抑制でもって、中庸を得て振舞うことが強調される。朱子学の立場からすれば、理想の人間である聖人には「悪」の契機は一点もない。そして万人は、聖人を目標として学ばなければならない。これに対して宣長は、「悪」を克服すべきものとは見ない。「悪」は、世界の構造の中に組み入れられたものとして、受け容れるしかないものである。では、宣長は「善」「悪」を相対化させたのだろうか。「善」の中に「悪」の契機を見、「悪」の中に「善」の契機を見るという意味では、それらを相対化させたとすることも出来る。また、倫理的な「善」「悪」の問題を、「吉」「凶」や「禍」「福」に包み込んで、倫理の比重を相対的に軽くしたと言うことも出来る。朱子学の思考法においては、倫理の比重は決定的なほどに重かったのである。

しかし、そういう次元での「善」「悪」の相対化が、宣長にとってもっとも大事な点なのかと言えば、そうではないように思われる。宣長は、黄泉の国を「死《シニ》し人の往《ユキ》て居《ヲル》国」だとする。『古事記』は、人間の霊魂が死後どこに赴くのかといった問題には関心を払わないが、宣長は、人は誰でも、死ねばその霊魂は死臭に満ちた黄泉の国に行くのであり、それが『古事記』の正しい理解なのだと主張する。つまり、汚穢に満ちた世界に行き、そこに留まるのである。

貴《タカ》きも賤《イヤシ》きも善《ヨキ》も悪《アシキ》も、死ぬればみな此ノ夜見ノ国に往《ユク》ことぞ。

とされるように、身分や当人の倫理性などには関係なしに、誰もが死の穢れの世界に行かなければならない。私たちは、生きている間は、穢れを祓い、清浄を回復させることで、「禍」を最小限にさせるように努める。しかしそれも、生きている間のことであって、死んでしまえば、どれほど高潔な人生をおくった人であっても、死ぬというそのことにおいて、穢れに満ちた黄泉の国に行かなければならないと宣長は言うのである。

こういう、ニヒルと言うべきか、おそろしく救いのないことを宣長は考えている。この世では、善人が不遇にあえぎ、悪人が栄華を極めるというような不条理があっても、死後にあっては、善人は（極楽往生するのか、天国に行けるのか、子孫が繁栄するのか、そのあたりは教えによって異なるものの）善人に相応しい何かを得られるのであり、悪人は相応の罰を受けて苦しむのだということで、人々はこの世の不条理にも耐えてきたのであろうに、宣長は、そういう帳尻合わせを一切認めようとしない。宣長以前には、誰もこういうことを言わないし、宣長以後、どれほど宣長を信奉した人も、この見方だけは継いでいない。日本の思想史において、宣長一人がこういうことを主張した。人間は、どうしようもない定めとして、死ねば穢れの側に身を置くのであり、その事実を引き受けなければならない。

これを世界の構造の問題として考えれば、こうも言えるだろうか。永遠の生の国として高天原があり、死の国として黄泉の国がある。その間にある私たち人間の世界は、生と死という二つの契機が絡み合って営まれている。善は、人間の共同生活に幸いをもたらし、そのエネルギーを賦活《ふかつ》させるもの、それがすべて善である。悪は、死者の世界に由来して、人間の共同生活に打撃を与えるもの、それがすべて悪である。つまり、善は生の側に、悪は死の側に人間を惹《ひ》き付ける。ナホビノカミとマガツヒノカミがそれぞれ善神と悪神であるのは、そういう意味で、生の側に立つ神と死の側に立つ神であるからである。それはまた、人間というものが、生きてある存在であり、また死ぬべき存在であるということでもある。死ぬべき存在でありながら、その時までは生きなければならない。そして私たちは、倫理的によりよく生きようとし、家族や友人、共同体の幸福を願い、天変地異や凶悪な事件によって人々が命を奪われることがないようにと祈りながらも、最後は死の世界の住人となり、穢れと一体化し、マガツヒノカミが跳梁するそのバネの一部となるという恐るべき事実から逃れることは出来ない。

「こころ」とは何か、こう問われたなら、宣長はどう答えるのだろうか。王朝文学の世界から導かれる答えは、既に見たように、自分でもどうにもならない弱さや愚かさを深層に抱え込んだものとして「こころ」を捉えて、その弱さや愚かさに向き合うことで、生きることの深い感慨、「物の哀」を知るというものだった。では、神々の世界を通じて、宣長は「こころ」の何を見ていたのだろうか。ここでの宣長は、人間の「こころ」と断絶した、不可知なものとして神々を捉えていた。神々の不可知な力は、人間の生を賦活させる力（善）と、人間の生に打撃を与える力（悪）の絡み合いでもあって、その複雑な力の合成の世界の中で、人間は生きている。そして人間の霊魂は、死後、必ず穢れに満ちた黄泉の国に行くのであり、それはどうしようもないことなのだと宣長は言い切る。こういう考え方の根底にあるのは、「こころ」の管轄する範囲、つまり人間が責任を負うべき領域として、限りなく問題を背負い込むことをしないということではないだろうか。どうにもならない力の前で、人間は小さな存在である。恋においてさえ、人間はどうにもならない力によって動かされてしまうではないか。まして、「こころ」を見つめることで世界を了解しよう、天地と一つになろうなどという発想は人間の傲慢でしかない、こう宣長は言うだろう。不可知なる神々に包まれてある人間の生を、『古事記』に導かれてありのままに見つめることだけが、「こころ」の守備範囲を明らかにする道だ、とこう答えるのではないだろうか。

むすび

「こころ」という主題をめぐる散策も、この辺りでお仕舞にしよう。まだまだ足を伸ばしたいスポットもあるが、あそこもここもと言い出したら切りがない。誰もが知っている名所でも、今回は足を止めなかったところもあるが、それも已《や》むなしとしよう。最後に、散策の記念として、簡単なメモを作っておきたい。出不精な私だが、もしもまた気ままな散策に出かける機会があれば、何かの役に立つかもしれない。

「こころ」という主題に向かって、三本の散策路を選んで歩いてみたわけであるが、その三本をあらためて振り返ってみたい。

まず、「こころ」本来のあるべき姿を探って、その本来の姿（本来態）と現実の自分の「こころ」の在りよう（現実態）の距離・乖離《かいり》を問題にしていくような発想があった。私の見るところでは、これが、江戸時代から今に至るまでもっとも多くの人々が行き交った大通りであって、今日の私たちにも、馴染みの深い道だと思われる。ピカピカの塵一つない鏡が本来であって、そこに後からついた塵や曇りを晴らそうというのは、その典型的なイメージである。これは、仏教・儒教・神道といった思想の区分けとは関係なしに、それらを太く横断して共有されている発想である。その中に立ち入ってみれば、儒教からは、仏教の「こころ」の理解は人倫の関係を軽視して自分一人の「こころ」の悟りや救いを求めるものだという批判がなされ、仏教からは、儒教の問題にするのは世俗世界での「こころ」であって、「こころ」という問題の深さ・大きさ、あるいは厄介さからすれば単に表層をなでているだけだと言われるだろう。神道は、元来、言葉で教えを組み立てるということから遠いので、こういう論争には向かないが、時に応じて柔軟に、仏教や儒教の（あるいは道教の）言葉を借りて自己の立場を説明してきた。そういう対立を内側に含みながらも、「こころ」の本来と現実とを見据えて、その距離・乖離を埋めるのが人間としての当然の実践だという発想は、江戸時代に入ってから多くの人々の中に急速に浸透していった。

こういう本来態／現実態という枠組みで「こころ」を捉えて、人々が、少しでも本来のあるべき「こころ」に近づこうとして続けてきた（続けている、これからも続けていく）努力のエネルギーは大変なものであろう。安丸良夫は『日本の近代化と民衆思想』（青木書店、一九七四年）において、勤勉・倹約・孝行・謙譲といった通俗道徳の実践という形をとった庶民の禁欲的な自己形成のエネルギーが、日本の近代化を支えた深部の力であることを鮮烈に描いてみせたが、それらの人々の胸にあったのも、現実の自己の「こころ」を常に反省的に捉えて、一歩でも二歩でもあるべき姿にそれを近づけよう、本来の心を取り戻そうという「こころ」がけであっただろう。庶民がそうであれば、知識人は、そこに「仏心」「本心」「天」「理」「虚」などなど、思想的・概念的な言葉を据えて、それを手掛かりとして、利欲にまとわりつかれた自己からの超越、あるいは自己中心的な自己からの解放を求めていく。それが、いかに実り多い、迫力に満ちた精神的な営みであったのかを、江戸時代の仏者や儒者の世界を覗《のぞ》くことで少しは味わうことが出来たように思う。

しかし、そういう伝統が後退していく新しい世界にあっては、問題は、厳しい屈折を余儀なくされる。

叔父《おじ》に欺《あざ》むかれた当時の私は、他《ひと》の頼みにならない事をつくづくと感じたには相違ありませんが、他を悪く取るだけあって、自分はまだ確《たしか》な気がしていました。世間はどうあろうともこの己《おれ》は立派な人間だという信念が何処かにあったのです。それがKのために美事に破壊されてしまって、自分もあの叔父と同じ人間だと意識した時、私は急にふらふらしました。他《ひと》に愛想《あいそ》を尽かした私は、自分にも愛想を尽かして動けなくなったのです。（夏目漱石『心』）

この一節は、利欲の化身としての現実の自己の姿に直面した知識人の、それもすでに「仏心」や「天」などという言葉を失った知識人の、自己超越に対する絶望の表白である。漱石がこの小説に「心」（漱石は「こゝろ」とも表記する）という題名を与えたのは象徴的だろう。既に「仏心」や「天」などという言葉を失った知識人が、自分の「こころ」を、本来態／現実態という枠組みの中で捉えて生きていくことが出来るのかという問いにぶつかっている、そういう意味で象徴的だ……と、私には読める。

少し先走ってしまったかもしれない。しかし脱線ついでに、もう一つ、無駄話を。「こころ」の本来の姿を見据えて、そこに近づくように〈頑張る〉という発想は、今も、私たちの中に深く根付いている。ただ、その〈頑張る〉あるいは〈頑張れ〉が、それだけで色々な問題を抱えてしまうと、一人ひとりの生においては深刻な困難を、社会の在りかたとしては重大な歪みをもたらしてしまうことにはきちんと目を向けなければならないだろう。この点は、忘れないようにしたい。

二本目の散策路で眺めた光景は、もう少し実践的な「こころ」への接近である。そこでは、武芸をはじめとした芸の世界、あるいは生活の場での「こころ」に対する人々の向き合い方を見てみようとした。芸道と「こころ」という問題は非常に難しく、散策の道も、私にはこれは獣道《けものみち》かと思えるほどであった。そこでは、身体の問題、あるいは型というものをどう考えるかという問題が大きい。いずれにせよ、こういう芸道の世界で求められた「こころ」の境位もまた、囚われのない自由というところにあるようである。ただそれが、稽古の繰り返し、経験の積み重ねによって到達すべきものとされる点に特色がある。

とくに武芸について考えようとすれば、それは、武士とは何かという大きな問題に関わっていく。中国や朝鮮で「士」と言えば、それは士大夫のことであろう。「文」の教養を身につけたエリートのことである。しかし日本の歴史は、士大夫ではなく「武士」という独特の人間類型を作り出した。視点をずらせば、なぜ東アジア世界の中で日本にだけ、軍事政権による長期支配が続いたのか、武威が支配する社会でのエリートの在りかたが一体どう考えられたのかという問題でもある。そういう視野から、武芸における「こころ」という問題を考える必要があるだろう。

家族生活・職業生活というような日々の生活の中で「こころ」を磨く、練り上げるという生き方は、江戸時代になって成立し、人々に支持されたものであろう。石門心学と妙好人とを取り上げたが、この散策では、石門心学の信奉者や妙好人たちのニコ〳〵して嬉しそうな様子を見ようとした。生真面目《きまじめ》に、日々反省の毎日を送るような姿や、阿弥陀信仰で武装したような硬いものではなく、生きていくこと・生かされていることの喜びの表情を捉えたかったのである。

芸道であれ、生活であれ、実践的な行為を通じての自己形成の姿を概念的にまとめることは難しいが、そういう次元での自己形成は、「こころ」への日本人の対し方の貴重な遺産であろう。やや飛躍するが、私はここで俳句や短歌を連想する。俳句や短歌の創作を楽しみとする人が数としてどのくらいになるのか分からないが、老若男女を問わず、非常に多くの人々がこの短詩形を愛好している。ではこういう俳句や短歌の特徴は何かと言えば、文芸のプロではない人々が、それぞれの生活という場の中で、心動かされたことを自由に表現しているということである。生活の中で、一時、詩人となるわけだ。HAIKUは今や国際的な広がりを持っているが、こういう文芸の伝統は、生活の中で、花を生けたり、茶を点《た》てたりという伝統とどこかで通じているに違いない。石門心学や妙好人の問題も、これらと別なものではないように思う。生活から離れた特別な場に籠って、思弁的な学習や禁欲的な修行をするのではない。俗塵にまみれながらの、喜怒哀楽の感情生活という日々の場が直ちに精神的な自己形成の場なのである。

さて、最後の散策路は、仁斎・徂徠・宣長という三つの峰を遠望するルートであった。当時の東アジアの思想世界を支配していた朱子学を批判して独自の儒教を切り開いた仁斎と徂徠、儒教そのものを批判して古《いにしえ》の日本に規範を求めた宣長、この三人を並べて江戸時代の思想史の発展の骨格とするという叙述は、珍しいものではない。しかし今回は、「こころ」という切り口で、この偉大な思想家たちの声を聴こうと試みたわけである。この三人に共通するのは、「こころ」を「こころ」として論じることが、逆に「こころ」をダメにしてしまうという捉え方であろう。明鏡止水の境地など、もっての外だと口を揃える。「こころ」を「こころ」として論じたがる人々が考えるより、「こころ」は実は不思議でデリケートなものだという理解が三人それぞれの根底にはあるようだ。今日、私たちの社会では「こころ」を掲げる言説が溢《あふ》れているように見うけるが、こういう反「こころ」論とでも言うべき見方を味わうことも大事なのではないだろうか。

そこから先、三人の進む方向は違ってくるが、ここで確認しておきたいことは、大宇宙としての天地があって、個々の人間はそれぞれ小宇宙だというような人間観が、この三人においては等しく否定されたということである。小宇宙としての「こころ」を見詰めることで、天地と一体の境地に到達するというような思想や、天地の理法が万人の「こころ」にそのまま内在しているというような思想は、いずれもこの大宇宙／小宇宙という人間観に立っているが、仁斎・徂徠・宣長はこういう見方に賛同しない。身心まるごと一人ひとりの人間が、本来、一つの調和と自律性を備えた小宇宙だという人間観は、東洋医学などにも通じているように思うが、三人はどうしてこういう人間観を斥けたのだろうか。ごく荒っぽく要約すれば、こうである。

仁斎は、他者の「こころ」を隅々《すみずみ》までスッポリと理解しようとすることが、そもそも不可能を強いることだし、時には暴力的な性格をも伴うことを問題にした。小宇宙としての自分の「こころ」と、同じ小宇宙としての相手の「こころ」なのだから、すっかり分かり合えるはずだという思考回路を、仁斎はどうしても認められなかったのである。その上で、お互いが他者として分かり合えるとはどういうことなのか、これが仁斎の課題となった。

徂徠は、「こころ」の在りようが、時代や文化の中で作られることを主張した。そして、あるべき文化社会においては、エリートたちの個性が十分に発揮され、それを通じて社会が文化的に運営されていくことを力説した。仁斎にもそういう着目はあったが、個性という問題を押し出した徂徠からすれば、小宇宙的な人間観は、没個性主義と同義とならざるをえない。

まったく異なった文脈から小宇宙的な人間観を否定したのは、宣長である。宣長は、調和や自律という面から見るのではなく、もっとも深い層において弱く愚かなものとして「こころ」を捉えた。こういう感覚は、仁斎や徂徠にはないだろう。当然、朱子学や陽明学にはあるはずもない。仁斎も徂徠も儒者であって、基本的に「こころ」を信頼すべきものとして扱っているからである。宣長の思想は、一つには王朝文学の美的世界と、もう一つには『古事記』の伝える神々の世界と、この二つの中心を持つ楕円形だと本文中に述べたが、その全体にわたってあるのは、人間の理知や意志の及ばない「こころ」の不可解さに対する洞察である。親鸞は「愛欲の広海」に沈む自己の姿を凝視して、ひたすら阿弥陀仏による救済を求めたが、宣長は神々に救いを求めない。宣長によれば、そもそも神々とは、そういう存在ではないからである。救いなどない、と宣長は呟《つぶや》くだろう。人間の実存がそういうものであるなら、「こころ」が、小宇宙的な調和や自律を本質とするものでありうるはずもない。

「こころ」、この得体の知れないモノをめぐって、江戸時代の思想史を散策してみたわけだが、益々分からなくなっただけのようにも思う。散策などという気楽なものではなく、とんだ迷路に入り込んで、自分が今どこに居るのかさえ定かではないかのようだ。しかし、居直るわけではないのだが、それでよいのだろう。

あとがき

本当に難しいテーマだった、この一言に尽きるのだが、どうにか散策を終えることが出来た。

平凡社が隔月で刊行している大人《おとな》の（?）雑誌「こころ」に、何か書いてみないかというお誘いをいただいて、シャレ半分で「こころ」をテーマに選び、「こころ」をめぐる江戸の思想史ということで、舌足らずのエッセイを三回ほど掲載していただいた（第一一・一四・一六号）。二年以上も前のことである。その三回分を大幅に膨らませて、今回、こういう形に仕上げてみたというわけである。「こころ」と正面きって掲げられると、どうも恥ずかしさの方が先にたってしまうものの、まあ自分から選んだテーマだから仕方ないとばかりノートを作り出したが、それがいかに私の手にあまるテーマであるかは、すぐに思い知らされた。卒業論文の指導などでは、学生に対して「予備知識のない人が読んでも分かるように、中学生が読んでも分かるように、平易に書け」とか「平易に書けるということが、本当に分かっているということだ」などと訳知り顔に言ってきたのに、何ということだろうか——自分のセンスのなさに愛想が尽きて、散策の途中でへたり込むことが何度もあった。

とはいえ、この散策で私自身が得たものも大きい。その最大の収獲は、「こころ」というモノに多くの人々が向き合うようになった時代、そしてそれは今日にまで連続していると思うのだが、「こころ」という言説が庶民の中に確固として位置を占めるようになった時代として、江戸時代を捉えるという視点を得ることが出来たことである。「こころ」という言葉でもって、自分の中にある可能性・複雑さ・醜さなどなどに何か形を与えて、これとの格闘を始めた時代として江戸時代を見直すことが大事ではないかと思うようになった。そして、この時代の知識人は、「こころ」を手掛かりとした広汎な人々の自己形成という大きな流れを見据えながら、「こころ」をめぐるそれぞれの思索を深めていたのではないだろうか。そんなことを、散策を終えた今、漠然と考え出している。

平凡社の山本明子さんに、お礼の言葉をお伝えしたい。最初からお付き合いいただき、敏腕の編集者とはこういうものかと感心させられ、駄馬でも、手綱《たづな》加減一つで少しは走れるものかと感じ入った。「締め切りがあるというのは、幸せなことです」という名セリフは、忘れられない。

二〇一六年二月八日　田尻祐一郎

【著者】
田尻祐一郎（たじり ゆういちろう）
1954年水戸市生まれ。東海大学教授。近世儒学、国学、神道などの日本思想史が専門。著書に、『山崎闇斎の世界』（成均館大学校出版部［ハングル版］・ぺりかん社、2006年）、『荻生徂徠』（叢書・日本の思想家 儒学編15 明徳出版社、2008年）、『江戸の思想史——人物・方法・連環』（中公新書、2011年）、共編著に『日本思想史講座』全5巻（ぺりかん社、2012-15年）などがある。

平凡社新書807

こころはどう捉えられてきたか
江戸思想史散策

発行日——2016年3月15日 初版第1刷

著者——田尻祐一郎
発行者——西田裕一
発行所——株式会社平凡社
東京都千代田区神田神保町3-29 〒101-0051
電話 東京（03）3230-6583［編集］
東京（03）3230-6572［営業］
振替 00180-0-29639
印刷・製本—図書印刷株式会社
装幀——菊地信義

ISBN978-4-582-85807-5
NDC 分類番号120 新書判（17.2cm） 総ページ224
平凡社ホームページ http://www.heibonsha.co.jp/